NADA É O QUE PARECE
um vôo da consciência

Jean Bergerot

NADA É O QUE PARECE
um vôo da consciência

Editora Cultrix
São Paulo

Copyright © 2006 Jean Bergerot.

Dados Internacionais de Catalogação na Publicação (CIP)
(Câmara Brasileira do Livro, SP, Brasil)

Bergerot, Jean
    Nada é o que parece : um vôo da consciência /
Jean Bergerot. -- São Paulo : Cultrix, 2006.

ISBN 85-316-0927-5

1. Auto-ajuda - Técnicas 2. Evolução humana
3. Liberdade 4. Sabedoria I. Título.

06-1458	CDD-869.9

Índices para catálogo sistemático:
1. Literatura brasileira 869.9

O primeiro número à esquerda indica a edição, ou reedição, desta obra.
A primeira dezena à direita indica o ano em que esta edição, ou reedição, foi publicada.

Edição
1-2-3-4-5-6-7-8

Ano
06-07-08-09-10

Direitos reservados
EDITORA PENSAMENTO-CULTRIX LTDA.
Rua Dr. Mário Vicente, 368 — 04270-000 — São Paulo, SP
Fone: 6166-9000 — Fax: 6166-9008
E-mail: pensamento@cultrix.com.br
http://www.pensamento-cultrix.com.br

Impresso em nossas oficinas gráficas.

À Vera, minha amada e companheira de todos os vôos.

Índice:

Capítulo I	A Montanha da Águia	19
Capítulo II	Reflexões e dúvidas	25
Capítulo III	Conversa com salamandras	31
Capítulo IV	A apostila	37
Capítulo V	Chá ou café?	39
Capítulo VI	Expresso Manvântara	47
Capítulo VII	O trem	59
Capítulo VIII	Lógica ou ficção?	67
Capítulo IX	O Swami Hare Sana	75
Capítulo X	O salto no escuro	81
Capítulo XI	O segundo sinal	89
Capítulo XII	As crianças	91
Capítulo XIII	Os caçadores de circunstâncias	101
Capítulo XIV	Sorte e azar	107
Capítulo XV	O homem do casaco índigo	111
Capítulo XVI	Religiões?	121
Capítulo XVII	O rapaz do *snow board* vermelho	131
Capítulo XVIII	Orações e invocações	139
Capítulo XIX	As tartarugas	147
Capítulo XX	Forças diferentes	159
Capítulo XXI	A escalada	177
Capítulo XXII	O toalete	185
Capítulo XXIII	Os dois primeiros aspectos	189
Capítulo XXIV	O aspecto limite	197
Capítulo XXV	Além dos limites	201

Capítulo XXVI	Afinação	207
Capítulo XXVII	Passado e futuro	217
Capítulo XXVIII	Equílibrio de forças	227
Capítulo XXIX	Dr. Gibert Roger	233
Capítulo XXX	A montanha vermelha	241
Capítulo XXXI	Montrouge	249
Capítulo XXXII	Henil	259
Capítulo XXXIII	Mimino	265
Epílogo	Uma escala técnica	271

Prefácio

*Omar Fernandes Aly**

"NADA É O QUE PARECE", livro de Jean Bergerot, vem trazer ao público leitor, num texto denso e fluente a experiência do autor no caminho da sabedoria, da evolução do homem enquanto ser sapiencial. Jean utiliza conceitos teosóficos, filosóficos e de física com notável habilidade para trazer um mundo de sabedoria que tem como principais características, a complexidade, a resistência às palavras e a forte ligação subjetiva por ser uma aventura do eu, uma viagem ou um processo interior. Quem já passou ou está passando por esse processo haverá de ter uma notável empatia com o texto que trata de verdades essenciais embora dificilmente redutíveis a um discurso racional. E nisso Jean demonstra uma maestria incomparável. O autor nos presenteia com um livro que nasceu de seu âmago, um texto visceral ligado a um ser humano cuja trajetória é um exemplo a ser escutado especialmente neste nosso tempo de aridez espiritual. Acima de tudo o autor deixa o exemplo iluminado por sua trajetória: a vida deve ser *ressacralizada* (no sentido correto, não na submissão a seitas fanáticas ou fundamentalistas) sob pena da destruição da natureza e do homem. Bom proveito, caro leitor!

---

* engenheiro, Mestre em Ciências e Doutor na área de Ciências dos Materiais, voltados para aplicação pacífica da Tecnologia Nuclear (IPEN-USP). Além disso é cineasta, ensaísta e poeta.

Um vôo de liberdade

*Marcos Aurélio Fernandes**

"Nada é o que parece". Este o *leitmotiv*, o fio condutor da obra que o leitor tem em mãos. Seguindo-o através da história do protagonista, Tron, somos desafiados e convidados a fazer a experiência do jogo da vida como dinamismo de liberdade. Com esta história, aprendemos que a liberdade não é uma propriedade do ser humano, mas, ao contrário, é o ser humano a ser uma propriedade da liberdade. A liberdade, contudo, é-nos sempre o dom de uma conquista e a conquista de um dom. Ela exige desprendimento dos vencilhos de nossos inveterados modos de pensar e de encarar a realidade. Solicita-nos a abertura para a totalidade do real em toda sua amplitude, profundidade e originalidade. Requer de nós, ao mesmo tempo, o empenho da superação e a busca de encontrar-se em harmonia com todas as coisas. Quando nos entregamos, apaixonadamente, aos apelos da liberdade, descobrimos que o mistério da realidade é muito mais e maior do que muitas vezes supomos. A busca da liberdade, de fato, concede-nos um outro modo de ser e faz-nos confirmar: nada é o que parece. O mistério da realidade é sempre mais do que todo o real e do que todo o nosso saber já adquirido.

---

*Doutor em filosofia, Professor universitário, Diretor do Instituto de Filosofia e Teologia de Goiás

Um vôo de liberdade

Nada é o que parece:
um vôo da consciência

Pedro Gomes Neto*

Os problemas do uno e do múltiplo, da diferença e da repetição, do acaso e da necessidade, da unidade e da manifestação encontram guarida na Filosofia, na Teologia, na consciência mítica e mística, na boa ciência. Mesma preocupação, nomes e histórias distintas. A leveza do ser não suporta a dura objetividade fenomênica? Os homens contemporâneos estão a caminho rumo a novos mundos? Temos que reinventar nossos sonhos? Jean Bergerot percorre em *Nada é o que Parece:* um vôo da consciência a tênue linha divisória entre subjetividade e objetividade. O filósofo francês René Descartes já nos tinha remetido, ainda no século XVII, ao problema do sonho e da realidade. Em nossos dias, o físico quântico David Deutsch nos faz ver a proximidade dessa pretensa dualidade. Acaso Hegel teria enfrentado com maestria teórica as filosofias dicotômicas modernas? Jean Bergerot passeia livremente pelas profundezas dos oceanos sem firmar seus pés no fundo nem nadar e se manter à tona. Persegue seu sonho-real e nos arrasta "adiante". Nosso autor caminha da dureza da razão ao riso. Assim transforma a rígida estrutura textual e corriqueira em brincadeira de jovens teimosos; prefere a tenuidade do ser ao ardil severo da razão e assim faz da escrita um anúncio-metafísico.

*Escritor e Professor universitário de Filosofia, Mestre especializado em Hegel - UFMG Especialista em epistemologia francesa contemporânea - UFG

Introdução

Um hábito que está presente em todas as culturas do mundo é o de contar histórias para crianças desde a mais tenra idade. Muito mais que um entretenimento, uma história pode transmitir a quem ouve ensinamentos além do sentido explicitado pelas palavras.

Seria esse procedimento universal uma simples coincidência?

As crianças, antes de falar, possuem um alto grau compreensivo e, como esponjas, absorvem tudo o que lhes é oferecido. Elas, aparentemente, ainda não se comunicam com o mundo e não têm conhecimento dos objetos, das coisas, das leis morais e éticas, além das características de seu meio. Desse modo, não têm também a capacidade de discernir valores pela linguagem concreta, sintética e objetiva dos adultos.

Na primeira idade, o indivíduo ainda não criou fronteiras mentais, emocionais e físicas, podendo absorver idéias por canais sutis. Quem de nós, ao ler agora este livro, não se recorda de histórias contadas por um avô ou avó, pai, mãe, irmão mais velho, tios? Particularmente, lembro-me da História do Menino no Poço, contada por minha avó Tetê, que exaltava a necessidade de a criança ouvir os conselhos dos pais, ou a história de meu avô sobre um pescador chamado Seu Pedro, cuja persistência era enfatizada.

Podemos observar que a criança pede, freqüentemente, que determinada pessoa conte sempre a mesma história. A cada vez que é repetida, outras nuances da história são percebidas e, com isso, vai-se criando um relacionamento mútuo, característico e sutil. Outras pessoas, outras histórias e outros relacionamentos vão se criando.

Na nossa cultura ocidental, as histórias deixam quase sempre de ser contadas muito cedo. Por achar que elas só servem para crianças, a sociedade as descarta, exercendo de seu lado uma esmagadora pressão, objetivando transformar crianças em pequenos adultos, desestimulando tudo o que é ou parece ser infantil.

Em contrapartida, as culturas orientais preservam contos e histórias, as incentivam e as desenvolvem, para que acompanhem o indivíduo em todas as idades. É uma forma de os orientais manterem abertas as fronteiras dos aspectos instintivos, fazendo com que o ensinamento seja assimilado pelas relações abstratas em comum na história/contador/ouvinte.

As metáforas, bem como as parábolas, contos, *coans*, captam a essência dos ensinamentos em outros níveis de compreensão. Tão mais complexa é a metáfora quanto maior for o grau de consciência do ouvinte, evoluindo até os referidos *coans*, que fazem parte da educação oriental por toda a vida. São pequenos aforismos, impossíveis de serem resolvidos ou compreendidos pelo nível racional.

• • •

É por esse viés que escrevemos este livro.

Contamos uma estória repleta de outras estórias entremeadas de aspectos, nuances e situações metafóricas. Como foram evitadas rotulagens, poderia ser chamada de ficção, romance, aventura, ou qualquer outro nome que se queira dar, porque além do rótulo está a intenção de transmitir as idéias e pensamentos em diálogos leves e descontraídos, resvalando, às vezes, no bom humor e em alegres insinuações.

O que almejamos é a possibilidade de sermos coerentes para transcendermos a desesperança, a tristeza e os mal-entendidos. Deixamos de lado os dogmas e a lógica e sua carga de transitoriedade, para permitir que transpareçam alguns reflexos da maravilhosa ficção que é o *jogo da vida*.

O Autor
Março de 2006

CAPÍTULO I

A Montanha da Águia

Estava em pé, no quarto patamar da Montanha da Águia, que fica pouco mais de 1.000 m do solo.

Meu olhar circunvagava, impressionava-me a beleza da imagem que meu cérebro ia avidamente transformando e registrando como sensações. Dirigi-me até a beira do penhasco e o mesmo olhar que há pouco devaneava automaticamente baixou, abandonando rapidamente aquela lassidão. Um frêmito característico e angustiante eclodiu dentro de mim.

O vácuo empurrava-me para trás ao mesmo tempo que tentava me absorver. Era senhor da minha vontade. Precisava de algo forte, decisivo, único, a necessidade de um chacoalhão, liberdade de ação e radicalização dos sentidos. Era como tirar o pó das prateleiras que guardavam velhos alfarrábios. Esperava que, desta vez, as sensações e os resultados não fossem passageiros.

Repentinamente, ocorreu-me pensar por que estaria ali naquele momento. O que buscava? A quem eu queria enganar? A quem eu queria satisfazer? Sem dúvida, uma satisfação radical, que saciasse, de alguma forma, algo que ansiava. Em meu íntimo sabia que, desta vez, não seriam simplesmente sensações passageiras, conforme pensara há alguns instantes. Seria, sim, a última vez e – por que não? – definitiva.

Naquele crescendo, sentia que uma febre tomava conta de meu corpo e de minha cabeça, fazendo com que meu raciocínio galopasse, invadindo fronteiras. Assim, lancei do alto daquele patamar uma dúvida. Crucial. Será que a vida se resumiria pura e simplesmente na satisfação de desejos, fossem eles quais fossem? Estava mais vazio – como era de costume sentir-me às vezes. Balbuciei entre os dentes, inconscientemente: "Chega!"

Olhei para o lado direito e lá estava a pedra que representava o bico da águia que dava nome àquela montanha. Depois, para o horizonte azul, desta vez falando em voz alta: – "Energia Máxima, seja Você quem for, esteja onde estiver, não é possível que este vazio não sirva para nada! Ele existe para ser preenchido. Assim sendo, ajude-me a preenchê-lo".

Respirei o mais fundo que consegui por algumas vezes. Não sei se por esse motivo, senti uma fortíssima tontura, a visão turva. Sentei-me ao chão, abracei minhas pernas repousando a cabeça sobre os joelhos e entreguei-me...

• • •

À medida que melhorava, levantei a cabeça e fiquei de pé, combinando comigo mesmo, logo a seguir, que nada havia pensado e que nada havia acontecido, seguindo em frente com minhas idéias.

Com os olhos semi-cerrados, tentei divisar ao longe alguma fumacinha, um vapor... sei lá. Eram pensamentos inúteis, porém inevitáveis. A distância, com sua paleta de cores, escolhia um tom pastel–acinzentado para pintar uma cidadezinha que, atrevidamente, encravava-se no sopé de outra montanha. Por algum motivo, tentei ganhar tempo. Um vento soprou discretamente à minha esquerda e seu hálito frio fez-me ver que era chegada a hora. Ainda hesitei, não sabendo se por bom-senso, heroísmo ou covardia.

Afastei-me uma trintena de metros. Abri os braços. Respirei fundo. Adrenalina. Abri as asas. O coração disparou. Corri em direção ao vazio e saltei.

No primeiro instante, pensei: "Viu? Foi simples!".

Num lapso de tempo, no qual talvez um segundo possa ser chamado de eternidade, pessoas, fatos, circunstâncias, problemas com suas prováveis soluções vieram-me à mente. Até mesmo um acontecimento ocorrido dias atrás, aparentemente sem nexo.

Sentia-me senhor de tudo, acima do mundo, acima de tudo que acabara de pensar, tudo pulverizado a nada. Dei-me ainda ao luxo de fazer alguns malabarismos durante a queda e, sentindo-me completamente livre, entreguei-me a alguns momentos de irresponsabilidade. Tênues momentos que separam a vida da anti-vida! Quando me dei conta da situação, vi que era hora de ser amparado. Recorri então ao cabo que transmitia as ordens ao parapente, puxando, ao mesmo tempo, os dois batoques para baixo. Ele, majestoso em sua cor violeta, coroava-me, acompanhava-me, como fiel servo e amigo, atendendo ao menor de meus desejos, naquele momento transmitidos pelos delgados, porém poderosos, cabos de náilon.

O vento batia em meu rosto, o nada em torno de mim e o mundo sob meus pés. Meus pensamentos iam se acalmando e uma grande serenidade me invadiu. Comecei a observar as coisas de outra forma. A cidadezinha já não era tão cinza, percebi suas casas, seus automóveis rastejando pelas ruas e seus habitantes parecendo minúsculas formigas.

De onde estava, tudo era paz e as condições atmosféricas estavam perfeitas para o vôo. Aparentemente, esse sentimento de paz era extensivo à cidadezinha e às pessoas que lá habitavam. Era difícil acreditar que embaixo, neste mesmo instante, estivessem ocorrendo desavenças, brigas, contrariedades. Apesar de me sentir superior a tudo isso naquele momento, sabia que, quando lá chegasse, também faria parte daquela realidade. Faria força para não esquecer meus pensamentos e idéias, agora transformados, travestidos de sinceras intenções. Soubera que existe um ponto de calmaria dentro de nós, onde as coisas fluem em harmonia, e sabia que tínhamos de procurá–lo incessantemente.

• • •

Num vôo de parapente, asa–delta, planador, ou qualquer coisa semelhante, sei ser necessário estarmos atentos às correntes ascendentes, nas quais a temperatura do ar é mais alta. Isto, dependendo da sua qualidade, pode elevar–nos a centenas de metros. Tive a convicção de que, em nosso dia– a– dia, também existem essas "correntes" e, da mesma forma, temos de estar atentos para detectá-las.

Um quilômetro ou pouco mais à minha frente, voavam alguns urubus "farejadores de ascendentes", que, com seus vôos macios e espiralados, buscam, no alto, o ozônio que os ajuda a digerir suas podridões. Cheguei ao local da corrente e, conseguindo capturá-la, iniciei a subida, muito embora não estivesse suficientemente treinado ainda para fazer as espirais de ascensão, perfeitas de 360 graus. Assim, controlei o parapente da melhor forma possível, para não sair da térmica. Depois de algum tempo, vi que a corrente se extinguia e saí dela, percebendo novamente minha solidão, o que não me impediu deliciar-me com o planar macio do meu adestrado equipamento.

Uma vez que as condições de vôo estavam ótimas, tentei prolongar os momentos para novas manobras. Deixei de ficar atento ao fato de que aquela calmaria precedia uma súbita mudança nas condições atmosféricas, sinalizando a aproximação de uma frente. O vento aumentou significativamente e expressava-se agora através de lufadas sem direção.

Comecei a desentender-me com as asas antes servis, mas que já não respondiam tão precisamente aos meus comandos. As luzes vermelhas dentro de minha cabeça sinalizavam-me atenção. Decididamente, optei por descer.

O vento frontal aumentou, o que dificultou a descida na região prevista. Usei então de algumas manobras para tentar ludibriá-lo, e ele logo percebeu meus planos, aumentando de intensidade. Foi com bastante esforço que consegui perder altitude, e minhas glândulas supra-renais, sempre atentas aos desígnios do cérebro, socorriam-me com uma produção extra de adrenalina. Finalmente, preparei-me para pousar – o que não aconteceu de forma muito elegante. Para ser sincero, praticamente me esborrachei no chão junto com o majestoso parapente, que, envergonhado, parecia pedir-me desculpas por não ter-me sustentado como devia.

23

A operação de dobragem não foi nada fácil. Além de meu estado, ainda alterado pelo susto, o vento piorara substancialmente. Recolhi-me ao hotel, que distava dois quilômetros dali, e, após um banho reconfortante, desci para comer alguma coisa leve. Minha pulsação voltou ao normal, eu voltei ao normal... e o mundo me abraçou novamente. As intenções... voltaram a ser meros pensamentos.

CAPÍTULO II

Reflexões e Dúvidas

A viagem de volta, apesar de demorar algumas horas, transcorreu tranqüila e, naquele momento, reflexões e dúvidas foram inevitáveis.

• • •

"Existe um momento na vida, creio que para todos nós, no qual fazemos, interiormente, uma série de questionamentos: "O que fazemos neste planeta, já que aparentemente somos apenas passageiros dele?" ou "Como tudo funciona? Por que tudo isso?" e – talvez a mais crucial de todas as perguntas – "Para quê?" Tentando encontrar respostas, vemos que nós, homens, fazemos parte desse sistema, e, se fazemos parte de um sistema, ficamos em dúvida do que seja realmente a liberdade – pois o conceito amplo de liberdade seria estar fora de qualquer sistema. E será que ela, tão buscada, almejada, disputada, já foi plenamente alcançada por alguém? Aqueles que tentam explicá–la estarão sendo convincentes, uma vez que não a atingiram?

Além de sentir que falta algo, o discutível elo perdido, dúvidas acerca dos limites também nos colocam em xeque muitas vezes. Refiro-me aos limites da vida cotidiana, como os do trabalho, da família, da ambição material, ambição espiritual, enfim, realizações de modo geral.

Minha profissão, por princípio, induz-me ao afastamento de tudo aquilo que não pode ser medido, sentido, calculado, cheirado ou ouvido fisicamente. Fórmulas e equações são minhas formas de expressão. Estou constantemente tentando relacionar coisas subjetivas com algo objetivo, o que, às vezes, me dá a impressão de estar tentando misturar óleo com água.

Não sei se instintiva ou intuitivamente, preocupo-me com tudo que se refere à melhoria da qualidade da humanidade. Identifico-me com a Natureza, pois sei que dela faço parte, e, sempre que possível, tento, humilde e pretensiosamente, ajudá-la a encontrar saídas contra as agressões sofridas, que, nestes últimos tempos, diga-se de passagem, atingem níveis sem precedentes.

Minha formação é em Física Nuclear. Cursei uma excelente Universidade, e, cerca de três anos, graduei-me mestre em ciências, na área de tecnologia nuclear. Embora possa parecer uma incoerência minha profissão caminhar ao lado de minha preocupação com a Natureza, busco encontrar soluções evolutivas e não destrutivas. Creio que devemos ainda levar em conta que, atualmente, a energia nuclear já se instalou no planeta como ciência e não é mais tempo de ficarmos discutindo se é boa ou má. Ela está aí e, estando, é bom que seja trabalhada e manipulada por pessoas bem intencionadas. Essa área da ciência, como um animal bravio, precisa de cavaleiros conscientes e capazes de domá-la, levando-a a um caminho útil e seguro. A tese apresentada por mim foi *"Um Estudo para Conversão de Partes de Gases de Combustão de Termoelétricas a Óleo em Matéria-Prima para Fertilizantes"*, o que está coerente, penso, com minha forma de pensar.

Em meu conceito, acredito ser um bom professor de Física. Gosto de lecionar e sinto pelos alunos uma grande responsabilidade, que não se restringe ao simples cumprimento da programação teórica. A Física, a Matemática, a Química e a Filosofia andam de mãos dadas e, freqüentemente, ou melhor, sempre, se misturam, ou, melhor ainda, encontram-se num mesmo ponto focal. Apesar de o procurar, ainda não achei esse ponto e, até então, acredito naquilo que as fórmulas Matemáticas, Físicas ou Químicas me transmitem. Tenho consciência daquilo que sei e também sou consciente daquilo que não sei. Isso, de certa forma, me dá boas idéias sobre limites – conceitos que tento passar aos meus alunos.

Atualmente, estou na fase de preparação da minha tese de doutorado, o que tem, como conseqüência, provocado grande número de viagens ao exterior. Moro sozinho, em numa linda e confortável casa, qualidades que poderia atribuir também à minha situação financeira. Minhas ocupações preferidas são meus estudos, minhas aulas e a prática de esportes – considerados radicais por alguns. Atualmente, o parapente é meu companheiro de aventuras e, sempre que posso, vou às montanhas – sem jamais ter tido a pretensão de que pudesse acontecer o inverso. E, por falar em montanhas, minhas constantes viagens a lugares nevados incitaram-me a aprender a esquiar.

Sempre acreditei que o estudo formal pudesse nos suprir com respostas a todos os tipos de dúvidas. Pensei ainda que a lógica, aliada a um forte aporte cultural, junto com um bom poder dedutivo, estivesse imune a dúvidas, fossem elas quais fossem. Apesar de tudo isso, com tantos ingredientes para se ter uma vida calma, não é sempre assim. Às vezes sinto-me como um avião que rola na pista para decolar, levanta vôo utilizando mistura rica de combustível, sobe até atingir a altura e velocidade de cruzeiro, mas... não sabe para onde vai, nem tampouco onde irá aterrissar – o que sabe é que está sendo conduzido, manipulado. Imediatamente, para contrabalançar, fico achando que exagerei a idéia, mas é inevitável que, de vez em quando, pensamentos como esses me ocorram. É claro que minha vida não fica nessa mesmice, como a metáfora do avião, e, aliás, foi muito bom ter feito essa relação, pois percebo que não é nada disso. Na verdade, todos nós podemos ter, inadvertidamente, "depressões relâmpagos".

Estou ciente de que ainda tenho muito a fazer em meu trabalho e na vida e, quem sabe, com uma futura família. Penso ter ainda bons anos pela frente para aprender aquilo que deverei ensinar aos filhos que um dia terei e, quando esse dia chegar, pretendo fazê-lo com toda autoridade e certeza sobre assuntos de que, no fundo, eu nada entendo. Um dia, terei que fazê–los compreender o que é a vida, o porquê de tudo isso, como deverão se comportar perante o mundo e dar ainda fórmulas e soluções para alcançarem a felicidade. Para isso, terei que conciliar minha formação acadêmica com minha ainda desinformação subjetiva. Existe uma ponte, tenho certeza disso, e algum dia alguém ou algum fato me mostrará essa ligação.

Apesar de possuir poucos livros sobre o assunto, tenho feito, na verdade, aquilo que está mais à mão e que alguns chamam, pejorativamente, de turismo esotérico, ou seja, retiros, encontros, palestras, conferências, que possam apontar qual direção seguir.

• • •

Cheguei em casa e fui dormir imediatamente. Meu corpo estava relativamente moído, bem como minhas idéias. Acordei cedo, em ritmo disfarçado em rotina.

CAPÍTULO III

Conversa com Salamandras

Naquela noite, cheguei um pouco mais tarde da Universidade, pois tivemos uma reunião geral com os professores e o reitor, por sinal uma pessoa muito sensata. Não sei bem por que me lembro dele neste instante, mas o que me veio à cabeça não foi propriamente sua imagem, mas a palavra *sensatez*. Sensatez ao manter o equilíbrio da reunião, ao analisar as propostas e problemas, trazendo soluções razoáveis, ao saber usar as palavras certas numa linguagem que, apesar das diferenças, todos acompanhavam.

Enquanto divagava nessas idéias, preparava meu jantar. Apesar de apreciar uma mesa bem apresentada e refeições elaboradas – talvez pelo fato de gostar muito de cozinhar –, naquela noite estava apressado sem motivo algum para isso. Portanto, resolvi transformar o jantar em um ato simples, dispensando, excepcionalmente, protocolos. Fiz um rápido sanduíche e, para acompanhá-lo, preparei um chá preto. A primeira xícara logo terminou e uma segunda serviu-me de companhia junto à lareira. Aquela parte primitiva, diminuta que é, mas que ainda conservamos no relacionamento com o fogo, exerceu sua

31

atração sobre mim e fez com que eu fixasse meu olhar no atraente crepitar das pinhas, que os pinheiros, generosamente, fornecem, e que as pessoas mais sensatas preferem utilizar no lugar da lenha de árvores abatidas.

Peguei uma revista, dentre tantas criteriosamente bagunçadas sobre a mesa de centro. Essa revista continha programas de viagens para Atenas, já que os Jogos Olímpicos iriam lá acontecer no próximo ano. Folheando-a ao acaso, uma das páginas chamou-me a atenção para a beleza da imagem de uma moça que fazia propaganda de uma companhia aérea grega. Admirei-a e fechei a revista, não me interessando pelo assunto.

Voltei meu olhar para o fogo e, como sempre acontece quando o olhamos fixamente, comecei a imaginar formas que se retorcem, rodopiam e que utilizam todas as cores do espectro. Enfim, salamandras fazem de tudo para atrair a atenção e, quando conseguem, nós nos acalmamos, tornando-nos seus cúmplices e confidentes. Dessa vez, porém, isso não aconteceu. Não sei quanto tempo fiquei ali, sentado. Talvez influenciado por elas, dois pensamentos começaram a se delinear, tomando conta de mim: a insistente palavra *sensatez* e a frase *aquilo que temos dentro de nós e que não conseguimos entender*. Minha mente excitava-se com aquelas idéias. O calor emanado pelo fogo parecia dilatar minhas artérias, que, ao invés de se acalmarem, produziam efeito contrário.

As coisas estavam nesse ponto quando bateram à minha porta – ruído que me pareceu ser provocado por nós de dedos. Foi uma batida discreta. Achei estranho não terem tocado a campainha do portão que dá para a rua e, pensando nisso, levantei-me para atender o visitante inesperado.

Abri a porta e não havia pessoa alguma. Permaneci alguns instantes observando num ângulo de cento e oitenta graus. Como ninguém encontrei, fechei a porta e ia retornando em direção à poltrona quando senti um impulso de verificar, novamente, o que poderia ter acontecido. Abri decididamente a porta, mas a situação não se alterara.

Permaneci imóvel e, sem olhar diretamente para baixo, percebi um volume no chão, entre a porta e um dos vasos de plantas. Era um envelope grande. Demorei um pouco para abaixar-me e pegá-lo, analisando-o visualmente, como era de meu hábito. Finalmente, julgando-o inofensivo, levei-o para dentro e, antes mesmo de abri-lo, já tinha percebido que se tratava de uma revista, caderno, ou coisa semelhante. "Essas inconvenientes propagandas por mala direta... " – balbuciei em voz baixa. Estava endereçado em meu nome, mas o remetente não constava.

Ao abrir, verifiquei que se tratava de uma espécie de apostila manuscrita, com poucas páginas, e na capa lia-se:

O jogo da vida.

Folheei aquele material rapidamente, sem deter-me em folha alguma. Como não despertou meu interesse, voltei ao meu posto de piloto de lareira, lançando displicentemente aquele livreto – se é que posso chamar aquelas poucas páginas dessa forma – sobre a baixa mesa de centro na qual apoiava meus pés, pensando em dar uma lida naquilo mais tarde. Recostei-me e sorvi os últimos goles de chá que, apesar de quase frio, continuava ótimo. O chá é uma bebida que aprecio muitíssimo e, dentre a grande variedade de folhas e misturas, aquela que estava tomando era uma das minhas preferidas. Tentei reatar a linha de pensamento que estava seguindo antes da interrupção. A mesa de centro se interpunha entre mim e a lareira e, como o manuscrito estava sobre ela, o fogo bruxuleante refletia-se na alvura do papel, chamando-me a atenção. Desencostei-me pesadamente da poltrona, peguei maquinalmente o conjunto de folhas e, por momentos, pensei em queimá-las. Abri o caderno aleatoriamente e, em uma das páginas, li a primeira frase que se mostrava:

Quando estiver dentro do labirinto e não souber que direção seguir, olhe para cima... Às vezes, os labirintos não têm teto e, sendo assim, guie-se pelas estrelas, pois elas o conduzirão.

Li novamente a frase e, apesar de uma ligeira preguiça, resolvi folhear aquelas páginas.

Primeiramente, detive-me nos subtítulos ou capítulos. Achei que a forma de apresentação, assim como aquele conteúdo que rapidamente folheava, era sem pé nem cabeça, escrito numa linguagem ora infantil, ora incompreensível e sem nexo. O sono começou a lembrar-me de que era hora de dormir. Após jogar novamente as folhas sobre a mesa, levantei-me e, como de hábito, comecei a elaborar os planos para minhas atividades do dia seguinte.

Subi maquinalmente a escada, sentei-me por alguns segundos na cama, acertei o despertador e deitei-me. Tentei conciliar o sono, quando percebi que não havia apagado o fogo da lareira, o que a segurança pedia-me fosse feito. Desci e encaminhei-me para a sala, iluminada ainda pelas últimas chamas e brasas. Bati novamente os olhos nas benditas folhas que me convidavam a uma leitura menos displicente. Separei as pinhas incandescentes, deixando as brasas no centro da lareira, sem chance de prolongar suas chamas. Feito isso, recolhi-me novamente ao quarto. Queria acordar muito cedo, porque, além de meu trabalho normal, teria que regularizar alguns documentos de viagem. Estava previsto ir ao Canadá dentro de trinta dias, para tratar de assuntos relativos ao meu doutorado. "Antes de viajar", pensei, "talvez dê tempo para ir até a Montanha da Águia neste fim de semana, para mais um vôo de parapente – já que estarei impossibilitado de levá-lo a passear durante um bom tempo".

Na posição em que estava, minhas pálpebras começaram a pesar e minha mente já atravessava aquele espaço mal definido que não é vigília nem sono. Comecei a imaginar minhas dúvidas existenciais transformando-as em mulheres de mãos dadas com aquilo que estava escrito naquelas folhas deixadas na sala, que, por sua vez, se transformavam em homens, formando uma roda de ciranda. Giravam, giravam sem parar e nada acontecia. Percebi que, dentro da roda, estava o meu aporte técnico e científico, representado por crianças que, aparentemente, mal sabiam andar e menos para onde ir. Eu, responsável por esse pensamento surrealista, era mero espectador.

As dúvidas, da maneira como eram percebidas no delírio, eram as próprias frases, de tal forma que a frase "como tudo funciona" estava de mãos dadas com a outra, "o jogo da vida", que estava de mãos dadas com "o que é evoluir", que estava de mãos dadas com "o labirinto não tem teto", e assim por diante, formando um imenso círculo. Em dado instante, as crianças que estavam no centro pediram aos adultos que fechavam a roda para participar da brincadeira, pois, além de não serem compreendidas pelos demais, não lhes era dada a mínima atenção. A roda começou a girar cada vez mais rápido e comecei a ter uma sensação desesperadora até atingir um clímax, quando, involuntariamente, soltei um grito, libertando-me desses pensamentos.

Quando tudo se esvaneceu de minha mente, sentei na cama. Meu 'supercérebro científico' de nada serviu para explicar-me o significado daquilo e sentia-me inquieto, sem saber exatamente por quê. Mais uma vez me levantei, dirigindo-me à cozinha para tomar um copo de água. Antes de voltar ao quarto, resolvi sentar-me por alguns instantes na poltrona e, impensavelmente, segurei a apostila. Como havia perdido totalmente o sono, resolvi lê-la, em consideração ao estranho desconhecido que teve o trabalho de trazer aquele material até minha porta. Caso fosse algo de mau gosto, a lareira estaria ali mesmo, pronta para devorá-lo.

CAPÍTULO IV

A Apostila

Aqueles papéis estavam organizados de forma simples. Unidos por uma espiral, pareciam essas cópias que, vez ou outra, mandamos encadernar. Na primeira página, lia-se:

> Esta apostila, ou manual do proprietário, é individualizada. Cada pessoa, sem exceção, a recebe, de uma forma ou de outra, em um momento, quando menos espera, e muitas vezes passa despercebida. É personalizada, intransferível, pedindo-se não comentá-la em praça pública. Não é necessário que seja lida de uma só vez. Tudo depende da pressa de cada um.

Comecei a interessar-me pelo que poderia estar escrito. A forma simples e coloquial, às vezes lacônica, ativou o meu interesse. Continuei a leitura daquilo que poderia ser chamado de introdução.

> Se você não concordar com algum fato descrito, ou com alguma idéia, não tem importância. O leitor não precisa sobrepor suas antigas doutrinas de como são as coisas. Talvez, isso sim, a leitura correta deva ser feita enfocando a sua capacidade de acreditar.

Posicionei-me melhor na poltrona, ajeitando uma almofada lateral sob meu braço direito, que segurava aquelas folhas, porque percebi que seu conteúdo era para ser digerido de forma, digamos... suficiente.

Ao ler estas páginas, você perceberá que existem milhares de coisas à sua frente que você não pode experimentar, porque acha que são proibidas ou porque não quer sentir os resultados. No entanto, não é nada disso. Fique alerta! Você não pode experimentar, porque foi condicionado a não fazê-lo, e, o que é pior, você foi induzido a não acreditar.

Liberte-se de fazer o que todos sabem. Saiba fazer aquilo que é inevitável, mas não necessariamente inerente. Se ficar confuso, não se preocupe, porque todos os problemas convergem para uma só crise.

Repousei as folhas sobre os joelhos, para pensarem cada uma dessas frases. Gostei do que li e gostei do que poderia pensar. Sendo assim, virei para a página seguinte, quando uma deliciosa lassidão tomou conta de mim. Reiniciei, então, a leitura.

CAPÍTULO V

Chá ou Café?

Entrei naquele ambiente aquecido e acolhedor, apesar de barulhento. O *Café du Sommet* era barulhento no sentido festivo, alegre e descontraído, e acolhia todos que necessitavam restaurar-se. Hoje a neve começou a cair mais cedo, portanto tive que antecipar o encerramento das minhas atividades, muito a contragosto. Decidi, então, aquecer-me e tomar um chá para comemorar. Sou, como já disse, um apreciador de chá e, como tal, tenho minhas próprias regras, que devem ser seguidas para que o desfrute da ocasião seja o melhor possível. Chamei o garçom e pedi-lhe um *orange pekoe tea*. O rapaz, gentilmente, disse-me que iria fazer o melhor.

Sentado, calmo, pensava. Estava alegre pelo que tinha acabado de conseguir, mas, não sei por que, quando coisas boas me acontecem, sinto que as alegrias ficam num âmbito puramente pessoal, não sentindo necessidade de compartilhá-las com ninguém. Talvez não tenha ainda encontrado a pessoa certa para dividir. Sou mesmo um pouco reservado nas minhas emoções. Finalmente, conseguira me sobrepujar. Apesar de não demonstrar, minha cabeça, sob o efeito da emoção, rodava num turbilhão de alegres pensamentos que se confundiam com o turbilhão de neve que caía agora um pouco mais forte.

Ainda sentindo frio e enquanto não chegava o chá, contentava-me em observar a bela e inóspita paisagem através do janelão de vidro daquele simpático café incrustado na branca montanha, local onde já me encontrava há quatro dias. O local distava cerca de oitenta ou noventa quilômetros a noroeste de Calgary, Canadá, a leste das Montanhas Rochosas. Minha viagem para o Canadá já estava programada, mas, cerca de um mês atrás, ocorrera-me a idéia de, aproveitando a oportunidade, visitar esta estação de esqui, na qual, finalmente, poderia aprender a esquiar. Achei que essa fugidinha seria necessária para, literalmente, esfriar a cabeça. E foi muito bom, porque algumas aulas bastaram para que, a duras penas, eu não mais caísse. Isso ocorreu no primeiro dia. De lá para cá, senti uma grande melhora, a ponto de conseguir fazer um determinado percurso tido por mim, logo de início, como algo quase impossível. Neste momento, sentia-me muito bem. Um amigo meu, certa vez, disse-me que procuro esportes radicais para, por alguns minutos, fugir da realidade. Lembro-me ainda de minha resposta, afirmando que o que ocorria era o inverso: eu queria encontrar a realidade – e não fugir dela. Realidade e limites, para mim, têm tudo a ver. Para muitos, o limite é algo a ser atingido; para outros, entretanto, é o início, o ponto de partida. Tenho certeza de que a minha realidade pode ir além dos limites.

O garçom chegou com o chá, acompanhado de uma torta de maçã ainda quente, exatamente como eu havia pedido. Tão logo fui servido, apressei-me a saborear aquela bebida oportuna e, na contramão da etiqueta, segurava a xícara com as duas mãos, para aquecê-las. Apesar de o chá estar quase no ponto de ebulição, dada a altitude do local, foi-me possível sorvê–lo em grandes goles de forma lenta e pausada. Da mesma forma, lenta e pausada, minhas emoções e minhas idéias começaram a se aquietar, apesar de eu não conseguir impedir que, vez ou outra, um lapso de pensamento, como que se rebelando a isso, me viesse à cabeça e acelerasse o batimento cardíaco.

Após o último gole, continuei a olhar para a xícara. E as poucas folhas de chá em seu fundo – que, sorrateiramente, conseguiram burlar a vigilância da peneirinha – pareciam me chamar a atenção. Comecei a observá-las e, inevitavelmente, a cada movimento que fazia com a xícara, formavam-se novos desenhos, novas configurações. Lembrei-me de uma tradição chinesa em que são feitas predições lendo-se folhas de chá no fundo de uma xícara e, apesar de não saber nada mais além disso, achei interessante essa lembrança, uma vez que estava como que de castigo naquele café. Aliás, um castigo agradável e prazeroso.

Percebi que, com o tempo, minhas idéias e emoções se harmonizavam, juntamente com meu corpo que, de estafado, relaxava muito agradavelmente. A calma instalara-se e já começava a ouvir o silêncio. O burburinho do local, os gritos, as comemorações, o barulho de louças e talheres tornaram-se amenos, quase imperceptíveis. Lembrei-me de que, em algumas ocasiões de minha vida, tendo de encontrar soluções em condições adversas, vez ou outra, durante o desempenho, era inundado por essa paz interna que me permitia sair bem das contendas. Concluí que não somente este estado contemplativo me levava a essa calma, mas também isso acontecia quando muito me era exigido. O parapente e o esqui conseguiam passar-me essa sensação de concentração extrema.

Foi nesse estado que, momentaneamente, levantei a cabeça e percebi que uma moça estava sentada à minha frente. Apesar do discreto sorriso, conseguia emanar simpatia e felicidade. Emergindo de meu silêncio, a coisa mais brilhante que consegui dizer foi:

– Olá!

O que foi retribuído da mesma forma e com a mesma intensidade. Passados alguns minutos, sem que nenhum dos dois dissesse nada, ela perguntou-me:

– Atrapalho?

– Claro que não, respondi imediatamente. Acompanha-me com um chá ou café?

– Chá, respondeu-me, e, após alguns instantes, continuou: E parabéns pelo que você conseguiu!

Como não estava esperando tal comentário, demoreium pouco para dar seqüência ao diálogo:

– Como você sabe?

Com naturalidade, ela me disse:

– Estava observando-o.

– Mas, como você sabe que o que fiz foi para mim importante? – insisti um pouco sem jeito. Porque, obviamente, isso que consegui, comparado ao desempenho de outras pessoas, não foi lá grande coisa. Eu é que me superei. Foi, de fato, para mim, um grande feito, mas... foi uma conquista minha e eu não a dividi com ninguém. Olhe, nós não nos conhecemos e só eu poderia, até então, saber disso!

Ela nada falou. Aliás, acho que sequer me ouviu. Imperturbavelmente, continuou:

– É muito mais fácil perceber quando uma pessoa se supera sem que haja comparações com outra ou outras pessoas, pois a alegria é bem mais pura e saudável do que quando a superação envolve adversários. As conquistas pessoais não humilham ninguém, pois não existe competição de egos. Elas simplesmente fazem com que você cresça. Se elas não são contadas a ninguém, seu efeito é potencializado, pois significa que existem outras conquistas envolvidas.

– Como assim, outras conquistas? – perguntei.

– Você estará sufocando, de certa forma, o que se convencionou chamar de soberba. Neste caso, você concentra suas energias em você mesmo. É também um tipo de concentração, entende?

Não entendia era o porquê de aquela conversa estar acontecendo... Mesmo assim, inconscientemente, balbuciei baixinho, comigo mesmo: "Concentração !?"

– Sim! Isso mesmo: concentração! Equilíbrio, alinhamento... e coisas decorrentes. Seu físico, suas emoções, seus pensamentos devem estar harmonizados sem que qualquer um dos três queira mostrar supremacia sobre os outros dois. É a única forma de vencer os obstáculos, sejam eles quais forem. Sem isso, você não estará apto a jogar o jogo da vida da forma como deve ser jogado.

Ah! Essas últimas palavras explodiram dentro de minha cabeça e comecei a achar que se tratava de uma espécie de complô. Havia algo aí. Veio-me à mente o folheto que recebera em minha casa, lido com tanta displicência. Seria uma coincidência aquilo de que ela estava falando? Nada dei a perceber. Recompus-me em poucos segundos e, com a voz um pouco alterada, perguntei-lhe:

– Como assim?

– Estou-lhe dizendo – ela apressou-se a responder – que a vida é um grande jogo!

De princípio, pensei que fosse um jogo de palavras ou forma de expressão. Considerei se isso poderia ter algum sentido e comecei a pensar seriamente no que havia sido dito. Não sabia, absolutamente, porque ela estava falando comigo sobre esse assunto, mas me interessei. Não sei quanto tempo possa ter decorrido, até que lhe perguntei:

– Que tipo de jogo é este? Você...

Subitamente, um barulho muito forte de prato, louças e talheres caindo de uma bandeja interrompeu o diálogo, desviando-me a atenção, e uma instintiva curiosidade de saber o que estava havendo tomou conta de mim. Olhei rapidamente para o ocorrido, o que não deve ter demorado nem um segundo, e, quando voltei meu olhar para ela, para continuarmos a conversa, já não estava mais lá. Pensei que havia se levantado momentaneamente e que iria voltar. Esperei um pouco e perguntei dela às pessoas que ocupavam a mesa ao lado, mas ninguém havia reparado nada. Depois de algum tempo, convenci-me de que ela havia simplesmente saído sem ao menos ter apreciado seu chá.

Estava sensivelmente tocado pela coincidência

do assunto. Pensei em pedir outro chá, pois estava muito bom, mas talvez, agora, ele viesse a ser decepcionante, já que nunca se repete uma mesma experiência de forma exatamente igual, dadas as circunstâncias. Necessitando de movimento, fui até a imensa janela que circundava o café, vendo que, exteriormente, uma alva luminosidade, uniforme, cintilante, inundava e banhava por igual tudo que nela estava imerso. A neve, aproveitando-se dessa luz inspiradora, continuava a cair como flocos também luminosos.

CAPÍTULO VI

O Expresso Manvântara

Voltei para a mesa, o tempo escoou, até que resolvi sair. Aparentemente eu estava calmo, mas, sem dúvida, havia em mim uma indescritível ansiedade. Pensava nas palavras que ainda ocupavam minhas idéias – equilíbrio, concentração e jogo da vida. Com elas, fazia ensaios de montagem, buscando um sentido.

Como a tempestade de neve havia melhorado, planejei sair, embarcar no teleférico, descer a encosta gelada, pegar meu carro e dirigir-me para o hotel para tomar um bom banho e, depois, no restaurante do próprio hotel, saborear uma *fondue* de queijo requintadamente preparada naquele lugar. Foi o que fiz. Saí do recinto, cumprindo assim a primeira parte dessa agradável tarefa.

O choque do contato com o ar gelado fez-me vestir imediatamente a grossa jaqueta que trazia. Peguei meus esquis e acomodei-me na cadeirinha do teleférico. Imediatamente, deslizava, pendurado por aquele cabo de aço, cuja resistência, obrigatoriamente, tinha de ser acima de qualquer suspeita.

A neve resolveu cair mais intensamente, mudando a paisagem pouco a pouco. Por segundos, senti que fazia parte daquele cenário. Sentado naquela cadeirinha conduzida por cabos de aço, flutuava num turbilhão de neve – que devia desconhecer a lei da gravidade, caótico que era seu movimento, sem direção ou sentido. O horizonte havia desaparecido, assim como a noção de profundidade. Apesar de estar muito bem, tudo aquilo me pareceu um misto de *déjà-vu* com sonho, temperado com certa pressa de chegar logo ao hotel. O frio intensificava-se. Coloquei o capuz do casaco, fechei o zíper e cruzei os braços. Como o cenário tornou-se todo branco, fiquei sem ter o que observar. Talvez fosse um convite à interiorização.

Olhei para baixo e, como estava de braços cruzados, o que vi foram as tramas grosseiras do tecido de meu casaco, que se assemelhavam, pelo meu ângulo de visão, a um labirinto. Nesse labirinto, quem decidia o caminho a ser seguido era eu e, por brincadeira, comecei a pensar que eu era todo-poderoso e poderia percorrer, nesse emaranhado de opções, o caminho que eu bem entendesse. Estava tão concentrado nisso que nem notei que havia chegado. Saltei, peguei meus esquis e já me encaminhava ao estacionamento quando, imperativamente, fui fisgado pelo deslumbrante aroma de um café expresso. E o ruído do vapor saindo da máquina somado ao burburinho característico do ambiente enlevaram-me. Esses cafés, tão bem equipados, tão aquecidos, tão convidativos em meio à neve, exerciam sobre mim uma irresistível atração. Adiei um pouquinho meus planos e entrei.

Ato contínuo ao de pegar o café e alguns biscoitos amanteigados foi o de procurar uma mesa confortável para que essa simples cerimônia pudesse acontecer. Ao sentar-me, de forma distraída observei o agradável ambiente que me cercava e olhei para o vapor que saía da xícara e fazia evoluções. Após sorver meu primeiro e reconfortante gole, alguém pediu licença para sentar-se à mesa. Levantei os olhos e a cabeça. Automaticamente, escapou-me:

– VOCÊ?

– Sim. Posso acompanhar-lhe?

– Claro, respondi prontamente. Você saiu sem se despedir ou avisar e nem ao menos tomou seu chá! Até achei que você havia magicamente desaparecido. O que você fez? Seria isso um controle absoluto sobre a matéria?

Após ter dito isso, soltei uma gargalhada. Acho que ela estava distraída, porque não me ouviu e nada respondeu. Mesmo assim, arrisquei outra piada:

– Você é atraída por xícaras? Pois da primeira vez em que nos encontramos, e não faz assim tanto tempo, eu tomava chá, não é?

Ela olhou-me seriamente e disse:

– Talvez.

Alguns rápidos segundos se passaram, quando então ela esboçou um alegre sorriso, curtíssimo por sinal, mostrando um fino senso de humor. Apressei-me a ir ao balcão e trazer-lhe um café expresso igual ao meu.

A neve caía agora ainda mais fortemente, o que nos relaxava dentro daquele delicioso ambiente, prolongando aqueles momentos. Ela quebrou o silêncio:

– Repare que as circunstâncias sempre conspiram a seu favor, na direção daquilo que você realmente quer. Basta prestar atenção. A propósito, as louças e talheres ficaram bem? Foi tudo resolvido a contento? Alguém se machucou? Foi grande o prejuízo para o dono do restaurante? disse ela, num tom que beirava o irônico.

Além de não saber responder-lhe, sequer sabia do que ela tratava, tanto que lhe perguntei:

– Como assim?

Com ar alegre, ela respondeu-me:

– Você me fez uma pergunta e, da forma como foi elaborada, pareceu-me interessadíssimo na resposta. Porém, distraiu-se em seguida com uma banalidade, a queda de uma bandeja. Distraiu-se tanto que nem me viu sair.

Um raio atravessou meu pensamento, vindo-me à memória o que lhe havia perguntado antes do incidente.

– "Que jogo é este?" não foi essa a pergunta que lhe fiz? Mas foram alguns milésimos de segundo... Somente o tempo necessário para desviar o olhar em direção à barulheira, registrar o fato e voltar a focalizá-la onde, presumidamente, você estava.

– É necessário perceber que distrações não são medidas em tempo. As distrações curtas podem ser tão eficazes quanto as longas.

Um pouco sem jeito e, por que não dizer, envergonhado pela gafe da desatenção, sem saber exatamente o que fazer, peguei minha xícara e, automaticamente, levantei-a, propondo um absurdo e ridículo brinde àquela ocasião.

– Antes de continuarmos nossa conversa, não estaria na hora de nos apresentarmos? foi o que eu disse, sentindo-me cada vez mais ridículo.

– Sim... Tron, claro, se você realmente acha isso necessário.

Fiquei estupefato por ela saber o meu nome e fui direto ao assunto:

– Como você sabe *o meu nome*?

Ela tomou um ar circunspeto, semelhante talvez ao de uma pitonisa de Delfos, e disse:

– Tron, você sabe que tudo está escrito nas estrelas... ou onde você quiser. Neste caso particular... você estava com seu cartão de crédito sobre a mesa. A propósito, pode me chamar de Moira.

Sorrimos os dois e, feitas as apresentações, terminamos o café, sentindo, ao menos de minha de minha parte, uma grande afinidade. Pedi a conta e dirigi-me a ela:

– Moira – chamei-a pelo nome – estou indo para o Hotel Internacional. Você também está hospedada lá?

Após alguns segundos de reflexão, a resposta:

– Sim.

– Quer uma carona?

– Sim, claro, caso seja possível.

Qual a nossa surpresa, porém, ao chegarmos ao estacionamento. O carro estava semi-enterrado pela nevasca! Existia uma equipe do estacionamento especializada em retirar automóveis de situações como essas, contudo, dado o número de solicitações naquele momento, a prudência nos sugeriu que deveríamos tomar outra atitude, pois a tempestade aumentava à medida que o tempo passava, o que estava começando a me deixar bastante receoso.

Ficamos alguns momentos buscando alguma solução e imaginei que a decisão mais heróica naquele instante seria voltarmos ao café e aguardarmos que a situação melhorasse. Passar a noite ali poderia ser inusitado, mas, sem dúvida, seria mais seguro. Além disso, apesar de não ser muito tarde, o lusco-fusco do fim de tarde nos avisava de que era hora de procurarmos algum abrigo, pois a noite chega mais cedo nessa latitude.

Voltamos ao Café, só que dessa vez sem o encanto e a magia anteriores, pois sabíamos que estávamos lá em outras condições. Independentemente do motivo que nos trazia de volta – e desta vez não era pelo *glamour* que ele oferecia–, aquele local nos acolheu. Sentamos em cadeiras bonitas e almofadadas, muito confortáveis para se passar algum tempo, mas, sem dúvida, impróprias para se estar por muitas horas, ou melhor, toda uma noite! Dentro do Café estavam mais ou menos umas dez pessoas em igual situação, forçadas a aguardar a desobstrução das estradas.

A luz exterior começava a ficar mais fraca, pela

noite e pela neve que caíam em comum acordo. Isso me inspirava um certo desconforto, pois tenho uma tendência natural a esse tipo de sensação sempre que estou em locais fechados, sabendo que não depende de meu livre-arbítrio abandoná-los. Acredito que ninguém goste de ser tolhido nos seus movimentos.

Após termos conversado um bom tempo sobre frivolidades, ficamos em silêncio outro tanto, naquele local transformado, provisoriamente, em dormitório coletivo. Num determinado momento, as luzes internas foram quase que totalmente apagadas. As exteriores de acenderam e as persianas das grandes janelas foram fechadas, para que, dentro do ambiente, fosse mantida uma luminosidade amena. Ao passar pelas venezianas, que balançavam levemente, a luz tomava uma aparência espectral, que se refletia nas paredes. Distraído com esses meus pensamentos, esqueci-me de que estava acompanhado e despertei com a voz de Moira, calma e pausada:

– Nada é o que parece. Porém, você tem de escolher o ponto onde quer se situar: acredite no que parece ou no que não parece, não importa – já que nada é o que parece. Esse ponto, provavelmente, é o melhor para você. É um ponto isolado. Caso não seja, faça o possível para isolá-lo das circunstâncias vigentes. À medida que for aumentando o ângulo de percepção, outros pontos, fatos ou circunstâncias controlados e decididos por você começarão a se mesclar com o inicial, ou melhor, com o que parecia ser.

– O todo – continuou – e não o detalhe manifestado é uno e, à medida que você se aproxima do todo, você se aproxima do real. A esmagadora maioria das pessoas, além de não conseguir isolar um ponto, não sabe o que

53

agregar a ele e, dessa forma, não toma a direção do real, equivocando-se com o manifestado.

– Seria esse um ponto fixo?

– É um ponto de referência no manifestado, descartável ou substituível, porém necessário, seja ele qual for.

Aquelas palavras me acalmaram pela forma como foram ditas, pela cadência da voz, pelo ritmo seguido. Mas, de verdade, não consegui acompanhar integralmente o raciocínio. O que ficou mais vivo em minha memória foi: *nada é o que parece*.

Ajeitei-me da melhor forma possível naquele "leito" improvisado gentilmente cedido pelo dono do local, lembrando-me de uma frase que ouvi, certa vez, de um locutor de futebol: "Quem dorme de favor não estica as pernas" e, nesse momento, achei-a engraçada, pois retratava a mais pura realidade!

Estava tentando conviver esportivamente com o inevitável, mas não deixava de reconhecer o desagradável da situação e, intimamente, a contrariedade misturava-se ao receio. Semideitado naquela cadeira, perscrutava as paredes, o teto, detalhes, pessoas, situações, sombras... até abraçar-me uma deliciosa sonolência. Com meu olhar continuando a vagar pelo ambiente, percebi, pendurada em uma das poucas paredes que se espremiam entre as imensas vidraças, um calendário com máximas. A daquele dia dizia: "Amanhã é um dia que nunca existiu". Depois disso, só me lembro do dia amanhecendo através das enormes paredes de vidro, aquelas mesmas que oprimiam as de concreto na noite anterior.

Começou então o burburinho das pessoas acordando e dirigindo-se para a fila que se formava à frente dos toaletes. O procedimento assemelhava-se ao que ocorre no amanhecer dentro de um avião, em vôos longos, quando os passageiros, logo cedo, disputam posição na fila.

Não sei se os funcionários daquele Café dormiram lá ou não, mas logo começamos a ouvir o funcionar da máquina de café-expresso que, juntamente com os pães com manteiga, *croissants* e torradas, inundava o ambiente com agradável aroma. Lembrei-me de Moira. Ela já estava de pé, olhando para fora da janela.

– Bom dia! exclamei.

– Olá! Conseguiu descansar um pouco?

– Sim, apesar da situação improvisada, parece que consegui dormir.

– Claro, Tron, dormir faz bem ao corpo. Gostaria de saber se conseguiu apaziguar os desconfortos emocionais que o atormentavam ontem à noite.

Antes de responder, refleti: "Com essa moça, temos de estar sempre na defensiva; é como se estivéssemos na escola, tendo uma professora com o dom de perguntar justamente as coisas que não estudamos". Olhando-me nos olhos, falou:

– Tron, a palavra correta não é "defensiva", mas "atenção". "Defensiva" induz a pensar que algo ou alguém o quer atacar ou oprimir. Aquele que está sempre atento raramente precisa se defender. Porém, o caso não é esse.

Ontem à noite, você não estava ansioso e excessivamente receoso com a inesperada situação?

– Sim – respondi, com uma boa dose de constrangimento.

– Você estava mais cansado fisicamente do que emocionalmente?

– Não – falei com toda a sinceridade.

– E lembra-se de que, antes de dormir, conversamos um pouco e você se acalmou?

– Sim.

– Então, Tron, vou bater na mesma tecla: o jogo da vida não admite distrações. Esteja atento.

Tão logo terminou de falar, Moira riu de forma simpática. Dirigimo-nos ao balcão e foi-nos servido um delicioso desjejum, que consistia de dois chocolates quentes, acompanhados por *croissants*, torradas e geléias. O suco de laranjas vermelhas fez um fechamento perfeito. Vestimos nossos casacos, peguei novamente meus esquis e saímos.

Havia parado de nevar, o tempo estava encoberto, mas uma luminosidade forte e muito agradável nos envolvia.

A situação com relação ao automóvel não era diferente daquela que conhecíamos. Aliás, era pior, porque, tendo nevado a noite inteira, a neve do dia anterior, que formara a primeira camada, já estava endurecida. Os funcionários do estacionamento não podiam dar uma previsão sobre o tempo que levariam para desencalhar o carro e resolver o problema.

Como esta era uma viagem de recreio, resolvi não levar muito a sério o que estava acontecendo. Entretanto, era necessário tomar uma decisão. Perguntei então a Moira:

– Você tem alguma sugestão sobre o que fazer?

– Tron, acho que a melhor coisa a fazer é tomarmos o trem que nos levará até perto do hotel.

– Trem?! – perguntei com grande espanto.

– Sim, trem! – ela respondeu com a maior naturalidade do mundo. – Por que o susto?

– É que eu não sabia que havia alguma estação aqui por perto. Muito menos uma ferrovia.

Disfarçadamente, procurei essa informação no meu guia turístico, mas não a encontrei. Na verdade, pensei, era uma excelente idéia, e resolvi aproveitar esse começo de manhã deste dia que, conforme a folhinha do dia anterior, nunca existiu. Tomei algumas providências, telefonando do próprio estacionamento para a locadora de automóveis, transferindo assim o problema para eles. Entretanto, por algum motivo, talvez a nevasca, não consegui fazer contato.

– Vamos então, disse-me ela, apoiando-se com naturalidade em meu braço livre, pois o outro estava ocupado com o esqui, que, com o passar do tempo, parecia-me ficar maior e mais pesado.

57

Caminhamos para fora da área do estacionamento, contornamos o quarteirão e, tendo-a como guia, logo estávamos em frente à estação. Tudo isso não demorou mais que dois ou três minutos. Uma placa simples, colocada frente ao prédio, comunicava laconicamente:

EXPRESSO MANVÂNTARA

A estação ficava em um local acolhedor e a luminosidade tornara-se difusa – talvez causada pela névoa matinal, fazendo com que os objetos quase perdessem a nitidez de seus contornos.

CAPÍTULO VII

O Trem

Passamos por um elegante e grande portal que dava acesso à estação e que, sem dúvida, apresentava um microclima característico, tanto que, ao entrar, senti uma espécie de arrepio, proporcionado talvez por alguma correntede ar.

Rapidamente, dirigi-me à bilheteria, para adquirir os tíquetes. Fiquei sabendo que neste trem não existiam 1ª nem 2ª classes e que o embarque já estava ocorrendo. Mesmo assim, tive tempo de dar uma olhada em todo o ambiente que, apesar de fechado, apresentava a mesma luminosidade forte e difusa observada do lado de fora. Não eram muitos os passageiros que perambulavam pela estação. A propósito: o único que tinha esquis nas mãos era eu. Reparei também que, pelos tipos físicos e vestimentas, as demais pessoas pareciam ser de variadas nacionalidades.

Tentava imaginar por que motivo aquela estação estaria tão vazia e conclui que era muito pouco conhecida, apesar de estar ali disponível a todos. Se não fosse Moira, eu mesmo não teria conseguido encontrá-la. Lá não havia bancos de espera, restaurantes, jornaleiros e lojinhas, dessas que vendem quinquilharias a título de lembranças locais. Era tudo simples, objetivo, eficiente e, acima de tudo, muito limpo.

Uma música envolvia o local e, apesar de desconhecida para mim, era calma e harmônica, parecendo vibrar na mesma intensidade do ambiente e das pessoas. Ressoaram, em minha cabeça, as palavras dela do dia anterior: *Nada é o que parece.*

A entrada era feita pela parte de trás do vagão. Como os lugares não eram numerados e eram poucos os passageiros, pudemos escolher nossa poltrona com tranqüilidade, na fileira da esquerda, parte central do vagão. Podíamos ouvir, ali, a mesma música suave que tocava na estação. Olhei em volta. Quatro poltronas adiante, encontrava-se sentado um homem, provavelmente indiano, com um alto turbante e uma túnica laranja, dando um toque diferente ao local. Um senhor impecavelmente vestido com terno e gravata acomodava-se atrás de nós, no último banco. Para completar o número de passageiros que compunha o vagão, havia mais duas presenças: sentado também na parte de trás, em outra fileira, próximo à porta, havia um homem não muito alto, com barbas grisalhas, usando sobre a roupa uma capa surrada e calçando velhas sandálias. E, nessa mesma fileira, no primeiro banco, acomodava-se um rapaz com um *snow board* vermelho.

Notei que, pela primeira vez, estava, de fato, frente a frente com Moira. Ela tinha uma pele suave e clara, contrastando com olhos escuros, bonitos e decididos. Nariz com traços visivelmente gregos. Os cabelos, também escuros, eram lisos e objetivamente curtos. Parecia uma figura extraída de uma das esculturas de Gaion, pela serenidade e equilíbrio de feições. Alta, bem proporcionada, era dona de uma postura altiva, equilibrada por uma suave movimentação dos membros. Mãos expressivas, grandes, com articulações ligeiramente largas e nodosas; dedos alongados terminando em unhas curtas, bem cuidadas, mas não esmaltadas. Calçava elegantes botas de couro sintético, aparentemente muito macias e quentes, dessas apropriadas para neve. Sua calça comprida, num clássico *tweed*, era larga, confortável e ajustada nos tornozelos por discretas fivelas. A blusa, de uma suave e fina lã, tinha a gola alta e seu branco fazia um belo contraste com a *echarpe* ocre, quase dourada, que displicentemente pendia de seu delicado pescoço.

Aqueles mesmos olhos escuros fitavam-me agora de forma perscrutadora, confirmando, em mim, grande afinidade com ela. Porém, confesso, senti uma estranha sensação e desviei o meu olhar, dada a intensidade do seu. Para quebrar o incômodo silêncio, perguntei:

– Quanto tempo você calcula que levaremos para chegar ao nosso destino?

– Como assim? ela perguntou-me.

– Ora, logicamente deve haver uma estação próxima ao Hotel Internacional!

– Ah, sim... claro! respondeu Moira, encarando-me com leve sorriso. Segundo a Física clássica, como você sabe muito bem, depende do espaço a ser percorrido e da velocidade do trem. Mas, dependendo das estações onde venhamos a parar e dos pontos a serem esclarecidos, esse cálculo pode não funcionar. Tenho certeza, contudo, que haverá tempo suficiente para conversarmos com calma e nos conhecermos um pouco.

Um tanto sem jeito, talvez por ter sido indelicado demonstrando pressa de chegar ao Hotel, concordei imediatamente com Moira, esclarecendo que aquela oportunidade de nos conhecermos e podermos conversar deixava-me muito satisfeito.

Fomos informados pelo guarda da estação que seriam dados dois sinais sonoros: o primeiro, avisando aos passageiros o momento de embarque; e o segundo, quase em seguida, comunicando o fechamento das portas e a partida do trem. Já acomodados em nossos lugares, ouvimos o primeiro sinal. O silêncio no interior do vagão, misturado com a música tocando na altura certa, banhada por suave perfume, fez-me sentir inundado de um bem estar inusitado. Moira, percebendo que seu olhar ainda não era totalmente absorvido por mim, vez ou outra olhava para os lados. Puro disfarce. Uma gentileza de sua parte.

Estávamos nesse estado de coisas, imersos naquele ambiente no mínimo diferente e acolhedor. E, por não encontrar maior definição para o que ocorria, descrevo que tudo funcionava como um relaxante, equilibrando meus pensamentos. Idéias e conceitos, de modo geral, já não tinham tanta importância e adquiriam, na minha visão imaginativa, o aspecto de soldados em parada militar. Todos em perfeita ordem, guardando a mesma distância entre si, no mesmo ritmo e prontos a obedecer a um comando maior.

Tal como costumo fazer quando estou voando no parapente, comecei a prestar atenção aos detalhes. Lembrei-me de cidades grandes transformando-se à distância, parecendo presépios inertes que se acomodam em belas paisagens cabendo dentro de nossa lembrança, e que, pelo seu aparente diminuto tamanho, fazem-nos acreditar que os problemas e as dificuldades das pessoas que os habitam também são diminutos e perfeitamente resolvíveis – ingênuo pensamento que, vez ou outra, me ocorre. Percebi que essas idéias não podiam ser expressas em palavras, pois não eram elas que importavam, mas o sentido profundo que havia dentro delas.

Conjeturei se as palavras não seriam a roupagem, a aparência manifestada da idéia, tentando chegar o mais perto possível do verdadeiro sentido. Naquele meu desfile imaginário à moda militar, as palavras "jogo da vida" eram dos últimos soldados do desfile. Moira, invadindo meu pensamento, falou:

– Nada mal, para um devorador de fórmulas, leis e equações! Intuição também pode ser isto que você está remoendo.

Olhei-a, tomei fôlego e respondi, perguntando:

– Eu estava simplesmente pensando, Moira, e tentando formar uma idéia daquilo que percebi, porque, como físico-pesquisador e professor que sou, é impossível desligar-me da observação. E a curiosidade faz parte de meu dia-a-dia, concorda? Não sei por que, prossegui, as palavras "jogo da vida" têm se mostrado a mim, surgindo de fontes diferentes e com certa intensidade, parecendo que fazem questão de não se desvelarem. Levando em conta que você é uma dessas fontes, será que poderia me dar alguma idéia do que essas palavras podem significar? Estariam, metaforicamente, contidas nas misteriosas estratégias do *jogo de xadrez*? Ou, dentro da resolução de *labirintos*, carregando um tremendo significado místico? E então, Moira, será que estou me aproximando da idéia, ou complicando tudo?

Apoiando a mão esquerda sob o queixo, com o cotovelo colocado sobre o acolchoado braço da poltrona, Moira respondeu:

– Ao fazermos uma pergunta, automaticamente admitimos certos conceitos racionais para que ela seja amparada por parâmetros conhecidos. Podemos talvez dizer que as perguntas são, por esse motivo, quase sempre restritas ao campo mental e lógico. As respostas, por sua vez, são, na maior parte das vezes, de conhecimen-to do questionador. A partir do momento em que se abandonam os fundamentos conhecidos, fica difícil o pingue-pongue entre perguntas e respostas. Perguntas racionais sobre assuntos místico-esotéricos sempre batem de frente com os paradoxos e, lhe digo mais, nunca levam a nada. Esse tipo de pergunta deve ser desvelada pelo próprio questionador, agora sem o amparo racional. Porém, a resposta pode levar uma vida inteira sem ser percebida. Fica aqui uma sugestão: para responder a todas e quaisquer perguntas que nos afligem, é necessário e imprescindível a busca do autoconhecimento e, para isso, é necessário libertar-se do conhecido manifestado, do racional e da lógica. Conhecer a si mesmo não é tão somente uma atitude mística. É estratégica. É o início de uma vida coerente que fará você conhecer melhor este incrível jogo.

Bem, Tron, continuou Moira, após um breve silêncio: em primeiro lugar vamos "limpar" e harmonizar sua pergunta e tudo aquilo que a complementa. Você disse que a curiosidade faz parte do seu dia-a-dia. Para começar, um curioso e um pesquisador são pessoas diferentes.

Por essas observações, que me pegaram desprevenido, só me restou a tentativa de não demonstrar uma reverente estupefação. Interrompi-a com um majestoso "Ah, é?" e ela prosseguiu:

– Tron, algumas perguntas, como: qual a sua idade? Quanto ganha? Onde mora? Qual o tamanho de sua casa? Qual seu bairro? Há quanto tempo você faz isso ou aquilo? Quantos filhos? Qual a formação escolar ou acadêmica sua ou de seus filhos? Que lugares você tem freqüentado? Tem viajado? e etc. só deveriam servir para preenchimento de fichas e cadastros. Feitas socialmente, tomam um caráter especulativo, acompanhado de uma morbidez característica e têm como finalidade, na maior parte das vezes, avaliar o oponente obtendo dados para fins comparativos. Com o rótulo formatado, fica fácil estabelecer quem é superior a quem, e, com isso, a hierarquização da "amizade" estará bem definida.

– Moira, você está querendo dizer que toda amizade é assim?

– Quase todas, mas existem uns poucos amigos que nem se lembram de fazer essas perguntas, porque outros laços os unem. Quando você baixar a sua guarda e deixar de ficar na defensiva comigo, poderá entender melhor. Você já notou, Tron, que a curiosidade pura e simples, no sentido de bisbilhotice, usada unicamente para sondar assuntos alheios, não puxa ninguém para cima? Ela serve apenas para alargar seus horizontes egoístas e não evolutivos, confirmando que o nível das perguntas de qualquer um está diretamente ligado ao seu próprio nível de consciência.

Já o pesquisador, o estudioso, Tron, tem outro tipo de interesse, ou melhor, outro tipo de curiosidade, prendendo-se à vontade de aprender, investigar e desenvolver-se, ampliando seus conhecimentos e informações, não se preocupando com perguntas banais, como as exemplificadas. Agora, em se tratando de um pesquisador-buscador, o que acredito ser o seu caso, a pretensão é ir além do conhecimento, extrapolando o plano manifestado e concreto.

– Moira, minha pergunta foi sobre "o jogo da vida". Não queria distanciar-me muito do tema proposto. Desculpe-me, mas não estava preparado para ouvir o que foi dito e você – brinquei – ainda vai dar um nó na minha cabeça!

– Isso é uma opção sua, disse-me sorrindo. A propósito, para o que você está preparado? desta vez, ela estava séria.

Tron, ela continuou, ao elaborarmos uma pergunta, todas as palavras e idéias contidas nela são importantíssimas. Existem inúmeras respostas para uma mesma pergunta, assim como várias perguntas para uma mesma resposta. Depende, é claro, de como ela é feita e do grau de entendimento ou de consciência dos interlocutores. Portanto, mais uma vez, cuidado e atenção são imprescindíveis.

CAPÍTULO VIII

Lógica ou Ficção?

Sua presença, tal como um horizonte de eventos, fazia com que eu orbitasse em torno dela. Suas palavras atraiam-me e, mais ainda, deslumbravam-me. Ela se expressava e falava exatamente com a forma e o conteúdo que eu precisava ouvir. Era como se arrumássemos um guarda-roupa, gaveta por gaveta sendo organizadas.

Percebi que as idéias ou conceitos, em algum momento, começariam a fazer sentido quando interligados. Já que Moira tinha algumas idéias e conceitos para me passar, não entendia por que isso não era feito de forma didática e lógica. Ela parecia apreciar em demasia os volteios, as explorações da capacidade interpretativa que existe em nós. Olhando fixamente em meus olhos, transmitia-me profunda doçura e calma quando disse:

– A lógica é sempre concebida e entendida como uma coisa lógica. Ela está à disposição de todos aqueles que têm um intenso trabalho intelectual, um bom discernimento, ou que saibam manipular bem um computador – que hoje é um dos símbolos da lógica. Pontes e ligações entre coisas lógicas são construídas para se obterem complexos lógicos. É só isso.

– Só isso?! exclamei com certo espanto. Nós, cientistas, estudiosos, passamos um bom tempo de nossas vidas nas universidades, estudando lógica Matemática, lógica booleana, lógica das proposições, lógica transcendental e muito mais, tentando integrar esse assunto a tudo o que fazemos, e você simplesmente me diz "é só isso?"

– Espere um pouco, Tron, calma. Vamos pensar juntos sobre esse assunto. Antes de tudo, esvazie seu copo intelectual, porque ele começa a transbordar. Há pouco mais de quinhentos anos atrás, acreditava-se que a terra era plana. Era lógico para o povo daquela época que a terra era plana, como também era lógico que a terra fosse o centro do Universo. Ilógico era pensar-se em uma terra redonda e que girasse em torno do sol. Colegas seus, Tron, pesquisadores destemidos, tiveram coragem de lançar novas teorias e conseguiram provar aquilo que até então era ilógico. Você concorda comigo?

Sem dúvida, até agora está tudo coerente, e, por que não dizer, lógico!

– Pois bem, ela respondeu, até hoje, aqueles que, por garra, ousam nadar contra a corrente do rio são mal vistos e, comumente, execrados. No tempo de Galileu, eram simplesmente queimados. Tinham uma morte rápida, tranqüila e relativamente digna. Isso era válido para todos os que proferiam "blasfêmias".

– Morte rápida? Tranqüila? Digna? Você está brincando! Ser queimado em uma fogueira – não é possível que você não admita – é totalmente o contrário: trata-se de uma morte lenta, desesperadora e humilhante! Foram, isso sim, atitudes extremamente anticivilizadas!

– Concordo com você, é claro, porém esse extremo ato de *incivilização* estava coerente com o grau de conhecimento da época. Hoje, com nosso extraordinário desenvolvimento científico, fazemos muito pior: prisioneiros de guerra, após passarem meses de humilhação e torturas, são degolados diante de câmeras de tv; bombas atômicas foram lançadas, há poucos anos, matando milhares de pessoas e mutilando outras tantas; bombas Napalm e tantos outros métodos de tortura têm sido inventados, sem falarmos na radiação, senhor e quase doutor físico – nuclear, que continua matando por séculos!

– Olhei para o chão, sem ter nada a acrescentar.

– Se formos enumerar os requintes de perversidade hoje utilizados, daria para entender, Tron, porque me referi à fogueira daquela forma? Voltando então ao nosso assunto, a lógica, tenho a dizer que o que é lógico pode ser ilógico ou vice-versa.

– Você calmamente me diz, Moira, que a lógica – que por definição e princípio é lógica – não é tão lógica assim? disse eu, tentando não dar a perceber que o assunto deixara-me abalado.

– Sim, é exatamente isso que estou tentando lhe dizer. A propósito, no início do século XX, Einstein afirmou que os fenômenos são relativos, dependendo do ponto de observação, não é? Sua teoria da relatividade, apresentada em 1905, soou ilógica para alguns e, somente em meados do século, começou a ser mais digerida e aplicada. Suas teorias, até a época em que foram apresentadas, no que se refere aos limites lógicos, ficaram, às vezes, para alguns cientistas, no mínimo nebulosas.

– Sim, claro – retruquei. Até me lembro de uma citação de Einstein que diz: "Era como se o chão houvesse sido tirado de sob nossos pés, e não entrevíamos nenhuma base sólida sobre a qual pudéssemos construir algo".

– Percebe, Tron, o que eu quero dizer? Além do mais, fatores como época, local, costumes, grau de instrução são importantíssimos e ajudam na definição desses limites, embora que parciais. Limites são fronteiras que constantemente desafiam o homem e um bom campo de observação disso é a criança, que aprende e evolui extrapolando fronteiras, procedendo ilogicamente na maior parte das vezes – é a única forma de se explorar e saber o que existe do outro lado das fronteiras e lá achar passagens, até então secretas, para um nível superior.

– A lógica da época e do momento em que é vigente – continuou ela – retrata as possibilidades de desenvolvimento até então. A partir desse momento, novo desafio fica lançado. Quando ela é transgredida, toma o nome de paradoxo e, ao voltarmos nossa atenção novamente para Einstein, ele, como um desbravador destemido, foi um campeão de paradoxos, pois sua lógica entrava em choque com a lógica da época, como você mesmo observou há pouco.

– Moira, a ciência, filosoficamente, não obedece rigidamente aos padrões da lógica, por ser dinâmica. Sobre sua afirmação, terei muito que pensar. Porém, existe a lógica na Matemática, que, acredito, é mais estável que a da Química e, principalmente, a da Física.

– Será? perguntou-me ela. O que você me diz da teoria do caos? Não se detenha nesses detalhes, Tron, pois não vem ao caso perdermos tempo discutindo se eles são óbvios ou não, coerentes ou não, lógicos ou não... *Olhe através*. Quanto à Matemática, ela é a ferramenta básica e imprescindível para a descrição dos fenômenos naturais dos quais a Física se ocupa. Alguns matemáticos acreditam que a Matemática é inerente à natureza. Pitágoras fez, como você sabe, a célebre afirmação: *Tudo são números*. Os modelos matemáticos são relativamente estáveis quando comparados a modelos físicos, como você bem comparou.

Ela parou de falar de repente, como um carro em viagem que freia bruscamente. Toda aquela bagagem, malas e pacotes e conceitos empilhados no banco traseiro caíram sobre minha cabeça! Quando consegui sair de baixo deles, após alguns momentos de reflexão, arrisquei uma pergunta com uma entonação baixa de voz, quase um sussurro:

— A transcendência da lógica seria uma ficção?

— A ficção científica pode advir como resultado de passeios ao mundo intuitivo, percorrido por observadores que antevêem determinados fatos ou fenômenos ou mesmo novas invenções. Trazendo-os para o nível intelectual, colocam-nos em prática, usando o máximo possível da tecnologia e do conhecimento disponíveis, fazendo disso um balão de ensaio. A partir desse momento, os setores interessados pelo assunto em pauta começam a prestar atenção sobre os absurdos e paradoxos daquela ficção, para torná-la lógica, como todos gostam.

— É como se fosse um milagre? perguntei.

— Sim e não. O ilogismo, além de ser chamado, às vezes e em determinadas situações, de paradoxos, também pode ser conhecido como milagre.

– E a ficção entraria nesse pacote?

– Sim e não novamente, ela me respondeu.

– Puxa! É uma relação na qual nunca havia pensado! exclamei.

– O milagre, Tron, vai um pouco além, pois, apesar de não caber dentro de teorias ou leis vigentes, está diretamente ligado ao nível de consciência daqueles que o presenciaram. A partir do momento em que o milagre pode ser tabelado ou expresso por uma lei, ou melhor, possa ser entendido ou compreendido, o que é que acontece?

– Deixa de ser um milagre – respondi imediatamente, começando a gostar do assunto.

– Isso pode significar que o milagre, mesmo não sendo tabelado e expresso por uma lei, pode ser entendido por pessoas com determinado nível de consciência suficientemente amplo para abrangê-lo. Enquanto estivermos neste jogo da vida, por maior que seja nosso nível de consciência, sempre haverá um milagre à nossa disposição, impressionando nossos sentidos. Sempre haverá coisas que não entenderemos. Sempre, mas sempre mesmo, existirão aparentes ilogismos e paradoxos. Acredito que, agora, possamos trocar algumas idéias sobre a sua pergunta.

– Desculpe-me, Moira, a qual pergunta você se refere?

Em seu olhar havia um misto de reprimenda e divertimento, quando disse:

– Você não havia perguntado se xadrez e labirintos poderiam ser considerados um reflexo do jogo da vida? Pois então, vamos lá: tanto os labirintos como o xadrez ensejam um significado de vida e morte. Acredito, porém, que o labirinto não possa ser considerado um jogo. O labirinto é um símbolo, segundo os gregos, do inconsciente, daquilo que está acima do que é manifestado materialmente. Por esse motivo os labirintos eram considerados símbolos iniciáticos.

– Mas, Moira, os testes iniciáticos são muito variados, não é mesmo?

– Claro, existem muitos outros. Estamos tratando de labirinto porque você a ele se referiu, assim como se referiu também ao xadrez. Sei que você é um excelente enxadrista e está bem consciente de suas regras e filosofia, porém gostaria de colocar outros tipos de observação. É verdade que o xadrez é tido, por muitos, como o jogo da vida, continuou. No entanto, trata-se de uma das facetas desse jogo, pois ele faz com que você desenvolva o intelecto e o discernimento, que podem ser usados como ferramentas para exercitar as infinitas combinações regidas pela sua lógica.

– É um exercício da inteligência, não é mesmo?

– Sim, é. Inteligência, do latim *intelligo*, que também significa discernir, selecionar entre. No caso, selecionar as idéias, os pensamentos. No xadrez, são utilizadas táticas de ataque e defesa com o propósito único de dar o xeque-mate ao rei adversário, ou seja, provocar seu aniquilamento. Para se chegar a esse ponto, é necessário que sejam destruídas outras peças, representadas por figuras com valores e características próprios. Normalmente, os dois jogadores se confrontam até que haja um vencedor e, conseqüentemente, um perdedor. Vivendo em um mundo dualístico, de ação e reação, de compensações, para que haja o prazer – representado, nesse caso, pela felicidade da vitória –, é necessário que haja o desprazer de outra pessoa com a derrota.

– Desculpe-me, Moira, discordo de você. Sua definição sobre felicidade, infelicidade, ganhador, perdedor... Você não está sendo muito contundente nessas definições? E se o perdedor teve um imenso prazer em simplesmente jogar com seu adversário?

– Tron, você já viu ou teve conhecimento de alguém que perdeu algo, seja jogo, situação, eleição, dinheiro, posição, em qualquer tipo de disputa, que tivesse ficado imensamente feliz? Ainda digo mais: o empate também leva a uma certa infelicidade, que só é ligeiramente atenuada por saber que o adversário também não ganhou. É o milenar triunfo do caçador sobre a caça, do invasor sobre o invadido, do opressor sobre o oprimido... enfim, do ganhador sobre o perdedor. Nesse nosso mundo manifestado, tratando-se de jogo, disputa, não existe a possibilidade de haver felicidade de um sem que haja infelicidade de outro.

– Essa felicidade não seria apenas uma alegria passageira, Moira?

– Neste caso, Tron, a felicidade é expressa de forma fugaz, conhecida como prazer. É claro que a felicidade tem um sentido bem mais amplo do que esse que estamos enfocando.

CAPÍTULO IX

O Swami Hare Sana

Antes que pudesse refletir sobre o que foi dito, entre um suspiro e outro, vi que o indiano que se sentava à nossa frente levantou-se, vindo em nossa direção. Parou frente a nós e, com as mãos unidas, fez ligeira inclinação, cumprimentando-nos, pedindo, em seguida, licença para sentar-se conosco. Após ter-se acomodado, dirigiu-se a mim:

– Babu[1], acredito ser essa a primeira vez que você viaja neste trem. Seja bem-vindo. Vocês me permitiriam fazer parte da conversa?

Minha primeira reação foi olhar um tanto desajeitadamente para Moira, que, como se já conhecesse aquele estranho, respondeu-lhe com uma graciosa inclinação de cabeça, dizendo:

– Swami[2], sua presença só nos honra.

Era estranho meu sentimento sobre tudo que estava acontecendo, pois, apesar de serem situações inusitadas, pareciam-me, não sei por que, profundamente coerentes.

---
[1] Babu ou Babuji são formas de tratamento em certas regiões da Índia, significando 'senhor', 'senhorzinho'.
[2] A palavra Swami, no hinduísmo, é um título usado para referir-se àquele que procura alcançar a união com o Swa (o Ser). Um Swami segue os mandamentos da fraternidade humana.

– A verdadeira alegria, disse ele, não pode ser encontrada em nada que seja manifestado, em nada que seja material, em nada que seja humano. Sua morada está em nosso interior. É a Unidade. Essa mesma alegria pode ser chamada de "estado de espírito" e é plena enquanto interna, pois é una. A partir do momento em que ela se distancia da Unidade, afastamo-nos da Fonte, perdemos a identidade com Ela e ingressamos no mundo dualístico. Ao chegar a este mundo, essa alegria será submetida aos cinco senhores, que são os sentidos. Eles não entendem a alegria – entendem o prazer, pois dele precisam para se satisfazer. Os prazeres, como sabemos, são efêmeros. A alegria, não. Ela é pura, plena e perene enquanto na Unidade, não precisando dos prazeres para alimentar-se, pois, lá, desconhece os sentidos. Alegria, Natureza, Deus e qualquer outro nome que possa receber são a mesma forma de expressão daquilo que sempre foi e será e que só é manifestado na Unidade. Já o prazer, a matéria, a mente concreta e o intelecto, por assim dizer, só se manifestam na dualidade.

Nesse ponto, o Swami silenciou-se e, virando em direção a Moira, que estava a seu lado, disse:

– Espero ter-me feito compreender...

– Perfeitamente oportuna sua afirmação, disse Moira, e oportuno também seria se pudesse discorrer um pouco mais a respeito do assunto sobre o qual conversávamos, já que começamos o inevitável encadeamento entre as filosofias ocidental e oriental.

Realmente, a conversa estava tomando um sentido filosófico interessante, a ponto de colocar o intelecto como uma espécie de limitação. Aguardava esclarecimentos, pois sei que afirmações orientais e ocidentais têm concepções tão diferentes que me interessei ainda mais por ouvir o que se seguiria. Após um momento de reflexão, o Swami prosseguiu:

– O intelecto pode ser constantemente desenvolvido pelo treinamento. Ele pode ser inchado, tal qual um fois-gras. Porém, um detalhe importante é que a consciência de alguns jogadores pode vir a "morar" nesse intelecto, fazendo dele o seu templo e de lá observar o mundo e a si próprio. Isso pode acarretar uma idéia distorcida daquilo que se observa, nunca se esquecendo de que o intelecto faz parte do sistema – mas não é o sistema.

– Swami, o senhor se refere, penso eu, ao limite que deve sempre haver...

– Não sei se você está aludindo ao limite de expansão do intelecto ou ao limite entre o intelecto e a intuição. Porém, devo dizer-lhe que limites, fronteiras, cada um sabe o seu. No primeiro caso, a acomodação pode constituir um tipo de limite; no segundo, o medo pode ser uma causa.

– Medo? perguntei.

– Medo admitir que o intelecto não é o último estágio do conhecimento, como muitos pensam, ou, talvez, medo de ir adiante, rumo a algo até então desconhecido. Podemos voltar ao caso do indivíduo que quer morar no intelecto e gaba-se dessa situação. Ele entende que o intelecto é o máximo a ser conquistado pelo ser humano, considera-se no último degrau do limitado pódio material de três níveis, e, lá estando, a sua tendência egocêntrica faz com que olhe somente para baixo, na direção do que já foi conquistado e, assim, esquece-se de olhar para cima e perceber que o terceiro degrau é tão somente o primeiro de um pódio de muitos degraus. Não necessariamente são os poderosos intelectuais que têm a capacidade de acessar outros degraus. A carga intelectual é imprescindível, mas, às vezes, pode servir de lastro para o conhecimento intuitivo. Todos devemos lembrar – prosseguiu o Swami – que, antes de tudo, na vida de uma pessoa, são previstas atividades múltiplas, tais como esportes, trabalho, leitura, religião, família, lazer, etc. Tudo isso, necessariamente, deve existir. Dependendo, no entanto, das opções de cada um, haverá a tendência de algum item. As predominâncias radicais, no entanto, deverão ser higienicamente evitadas. Não podemos chamar de completo aquele indivíduo que radicaliza sua prioridade. Essa atitude pode ser deletéria e pode também induzir a uma convergência do mundo individual para essa atividade, tal como a singularidade de um buraco negro.

    Quando o Swami terminou de falar, senti-me como que culpado por alguma coisa e com sérias dúvidas sobre meu desempenho intelectual, causando-me estranheza que a busca intelectual pudesse ser criticada. Após um longo período e introspecção, dirigi-me a ele:

    – Swami, venho de uma boa família, razoavelmente culta e educada, com a qual sempre mantive um bom relacionamento; estudei nas melhores escolas; fiz todos os cursos oficiais e paralelos impostos como necessários pela sociedade. Procuro sempre um contínuo aperfeiçoamento cultural e, nessa permanente busca, nunca ninguém colocou em dúvida a validade do "excesso de instrução". Nos retiros e encontros do tipo 'auto-ajuda' de que tenho participado, nunca isso foi expressado com essa veemência.

Percebi, Swami, que o que foi dito, ou melhor, que tudo que vem sendo dito ultimamente é intencionalmente dirigido a mim. Estaria eu seguindo um caminho errado?

Ele ouviu, fitando-me com aqueles olhos dos quais o branco parecia saltar em contraste com o escuro da íris e de sua pele azeitonada. Firme, calmo, mas acima de tudo alegre, respondeu-me:

– Babuji, não há nada de errado com você e sua busca. Você nasceu, cresceu e aprendeu com a família e com as escolas ocidentais. Você age como um ocidental e como tal você é um dos bons, além de ser sócio-culturalmente bem posicionado em seu meio.

Uma palavra, entretanto, causou-me estranheza, pela forma como foi empregada: foi a palavra *busca*.

CAPÍTULO X

O Salto no Escuro

— *Diga o que quer dizer e queira dizer o que diz* é o que nos conta um aforismo indiano – continuou o Swami, prosseguindo com nossa conversa. A palavra, acrescentou, quando caminha no sentido exotérico, tem um certo significado; a mesma palavra no sentido esotérico tem outro. É um tipo de Efeito Doppler, para falar em sua linguagem de físico.

Eu já estava começando a me acostumar com a idéia de que todos tinham livre acesso aos meus pensamentos. A única coisa a fazer era não mais me importar com isso. Com seu bondoso e brilhante olhar e com a voz um pouco mais baixa, continuou:

— Há inúmeros aspectos nos quais o jogo da vida pode ser observado: um deles é a direção do caminho escolhido. Para facilitar o entendimento, citaremos três tipos de caminho: o da busca propriamente dita, que é esotérica e atende a uma vocação interior, é sempre dirigida à evolução do ser de forma consciente; o caminho exotérico, que atende aos apelos da personalidade; e o caminho misto, que é uma mistura de busca com o caminho exotérico.

– Caminho misto? Como pode ser isso?

– Por favor, aguarde um momento, pois já chegaremos lá. No caminho exotérico, continuou ele, não estão contidos os sentidos místico, hermético e, ainda menos, o evolutivo, que acredito ser aquele que você tem procurado. Foi, porém, bem aplicada sua referência metafórica sobre sua "busca intelectual". A verdadeira busca, a que o tem impressionado, prosseguiu e, por causa de sua forte, involuntária e intuitiva vontade, todas as circunstâncias estão nessa direção. Ela não é totalmente definida, é impalpável, não podendo ser medida ou pesada como gostariam os técnicos. O buscador busca, porque se sente impelido a fazê-lo, porque é despertado por uma intuição e impulsionado e sustentado pela fé que existe dentro dele. Ele não sente os resultados imediatamente, embora eles se manifestem internamente desde o primeiro momento. Por esse motivo, é um pouco mais difícil para a cultura ocidental, imediatista, calculista e lógica, absorver essa idéia. Por isso os valores, o desempenho e o sucesso costumam ser atribuídos a tudo que tenha pronto resultado.

– Então seria esse o famoso "salto no escuro", sobre o qual já tanto ouvi falar? perguntei.

– Alguns chamam, sim, "salto no escuro". Outros, com olhos mais abertos, que enxergam mais longe, acham que não é tão escuro assim. Existem até aqueles que ficam extasiados com sua forte luminosidade. O buscador não deve, entretanto, esquecer-se de que deve estar atento ao contrafluxo da busca, imposto pelas dificuldades criadas pela personalidade através dos corpos físico-emocional-mental. O caminho misto – prosseguiu o Swami com tranqüilidade – não é bem um caminho, é uma forma de expressão. É como se fosse um encontro de águas e, como tal, apresenta uma situação turbulenta. Ocorre em boa parte das pessoas despertadas para um caminho evolutivo e, quando isso acontece, o indivíduo vê-se rodeado pelas dúvidas, seguidas de um estonteante questionamento de valores. Durante algum ou muito tempo, o aspirante não sabe em que direção olhar, continuando seu ritmo de vida normal, mesclando, contudo, alguns princípios evolutivos. Essa conduta é mais freqüente do que você possa imaginar. No início do aprendizado, como tudo é novidade, pode haver uma certa confusão e o indivíduo pode pensar que está no verdadeiro caminho evolutivo. Nessa fase, existirá nele uma tendência a propagar, de forma destorcida, os poucos ensinamentos a que teve acesso. A personalidade, às vezes, pode travestir-se de consciência e a liberdade de livre-arbítrio. Tanto a personalidade como o livre-arbítrio podem funcionar como uma cortina de fumaça que acaba por desnortear o pretenso aspirante.

– Pelo que entendi, o caminho misto é a porta de entrada para o caminho evolutivo, não é mesmo?

– Ou de saída, respondeu o Swami, quando o pseudobuscador percebe que não é bem aquilo que ele quer, uma vez que não pretende abrir mão das conquistas materiais a que já estava acostumado. Muito comum também é o indivíduo permanecer por muito tempo nessa situação... Às vezes, usa muitas vidas iludido, pensando estar na verdadeira busca, porque, de um lado, as atitudes evolutivas o agradam, e, de outro, não consegue o desvinculamento gradual da personalidade, que necessariamente existe. Agora, a verdadeira vocação não precisa obrigatoriamente passar por esse processo. Pula por cima de todos esses equívocos.

– O.K., Swami, mas o livre-arbítrio não é necessário ao jogo da vida?

– É tão imprescindível quanto a personalidade: você precisa dela para que o efeito piracema possa acontecer, caso tenha alguma meta evolutiva em mente. Babuji, para resumir, a necessidade de limitação plena que existe no ser humano também pode ser chamada de livre-arbítrio.

– Limitação, como assim? perguntei com certo espanto. Pensei que fosse falar exatamente do contrário: liberdade plena! Essa pela qual os homens anseiam e...

... Só encontrarão quando estiverem fora de qualquer sistema manifestado, completou ele. Não é esse o seu conceito? Pelo menos assim era, há pouquíssimo tempo atrás. Lembra de quando você questionou sobre alguém ter alcançado essa liberdade?

– Tem razão, mas, e quanto à limitação plena?

– Pensei não existirem mais dúvidas sobre nossas conversas, mas, por favor, tente não racionalizar. O que eu posso complementar sobre isso é que a liberdade, em seu sentido puro e amplo, só pode ser encontrada em seu interior. Ela é esotérica e descondicionada, já conversamos sobre isso. O verdadeiro buscador, ao esvaziar sua mente quando em meditação, quando consegue atingir o seu âmago, encontra o infinito, estando, portanto, livre das amarras materiais.

O Swami, com o olhar, avaliou meu entendimento sobre suas palavras, recebendo de minha parte um ínfimo menear de cabeça, e, assim, prosseguiu:

– O exotérico, por sua vez, anda de braços dados com a personalidade, só existindo no mundo manifestado, relacionado à matéria, que é limitada. Todo indivíduo que optou pelo caminho exotérico tenta sempre levar ao extremo a possibilidade de ser livre, dominando tudo que é material em todos seus aspectos. Ora, se a matéria é limitada e o que esse indivíduo almeja é a fronteira extrema da matéria, então podemos dizer que o que ele busca é a limitação plena.

– Estou entendendo, repliquei, sendo o livre-arbítrio uma pseudoliberdade...

... Falsa liberdade – foi o que o Swami disse, cortando-me bruscamente a frase. Mas, continue, Babuji, sua idéia.

... constitui uma espécie de passaporte que dá direito à utilização irrestrita dos sentidos e das idéias, completei. Aqueles que exercem esse "direito" são induzidos a pensar que tudo podem e que são livres para fazer tudo aquilo que pensam e desejam. Pelo menos é dessa forma que tenho enxergado a situação do mundo atual.

– É exatamente isso! Você observou muito bem. Porque, sem dúvida, começa a sair daquela situação turbulenta à qual há pouco me referi. Apenas observa uma situação quem consegue afastar-se dela, pois, enquanto envolvido, não consegue enxergá-la. É triste constatarmos que a humanidade está indo para o lado contrário do "salto no escuro", tendendo para o lado sombrio, nebuloso e ameaçador. Além do mais, prosseguiu ele, a definição de livre-arbítrio pode confundir-se com a definição de limites, que diz que o seu termina quando começa o dos outros.

– Essa idéia não seria melhor aplicada para definir liberdade?

– Para você ver, Babuji, quantos enganos a humanidade comete! O livre-arbítrio, como vimos, é relativo, dependente e ilusório. É relativo porque depende de limites; é dependente porque requer meios, recursos e circunstâncias para ser exercido; é ilusório quando comparado à verdadeira liberdade. Na verdadeira liberdade, todos os seres comungam uma união sem limites.

– O livre-arbítrio, completou o Swami, tem sido exercido na atual humanidade de forma nunca vista. Seus resultados, entretanto... basta ler um jornal ou escutar um noticiário. O livre-arbítrio não arbitra em relação ao bem ou ao mal. Ele é livre, não julga, só que tudo tem um preço, cuja fatura é cobrada impreterivelmente um dia. Contudo, leve-se em conta que as ações boas e más devem sempre se contrabalançar. Uma não existe sem a outra. Nada existe sem seu oposto.

– Mas, repliquei, e com relação à justiça de Deus?

... Que está acima do bem e do mal. Você já deve ter ouvido isso várias vezes, e continuou ele:

... somente pela divisão da unidade, que não é boa nem má, mas divina, surgem o bem e o mal. Graças a ela, o conhecimento foi possível. O mundo cognoscível precisa conter o bem e o mal, caso contrário não é cognoscível e tampouco possível.[3] *O bem e o mal são enigmas desafiadores que a vida coloca perante cada inteligência à maneira da esfinge*[4]. Para concluir, vou dar-lhe um exemplo: pro-

---
3 Ptahotep.
4 Swami Nagendra Nath Bháduri.

cure imaginar alguém preso dentro de uma cela, ainda que ampla, e que tenha lá a plena liberdade de se locomover e de fazer o que bem entender. Com o tempo, essa pessoa, necessariamente, irá mudar seu conceito de liberdade.

– Sim, Swami, mas você está falando em sentido figurado...

– Não.

Olhei para o lado e percebi um disfarçado sorriso nos lábios de Moira, que olhava pela janela, aparentemente distraída.

O Swami retornou ao assunto:

– Percebeu por que foi dito "limitação plena?" Aqueles que buscam a Unidade ou que já participem dela perceberão que, lá, a sua vontade é identificada com a Vontade máxima, que é infinita, sem limitações.

Parecia que o Swami nada mais tinha a falar. Após ter repetido a mesma idéia de várias formas, recostou-se em sua poltrona, fechou os olhos e calou-se. Via a sensatez presente na figura e nas palavras daquele homem, porém estava muito difícil para mim, apesar de concordar com tudo, juntar as pontas dos fios que ele usara e re-arrumar aquele emaranhado de idéias que se formava em minha cabeça. O uso do intelecto, a diversificação de nossas capacidades, e mais, o livre-arbítrio, a liberdade... esse tema nunca resolvido dentro de mim!... Chega! Decidi entregar os pontos, pelo menos naquele instante. Não quis, decididamente não quis, pensar naqueles nós e amontoados de idéias embaraçadas. Procurei relaxar e, mentalmente, concentrei-me num dos fios do emaranhado que se mostrava destacando-se dos demais, com movimentos ondulantes. Imaginei então a ponta desse fio deslizando suavemente e desvencilhando-se daquela confusão. Solto, liberto, fazia-se mais claro e ordenado. Percebi que começava a entender o que eles queriam me passar. Inundava-me um bem-estar inusitado. Sentia-me como que em casa.

CAPÍTULO XI

O Segundo Sinal

Meu devaneio foi interrompido por um sinal sonoro, que me fez desviar, automaticamente, o olhar para Moira, perguntando-lhe, através dos olhos, o que significava aquilo. Ela, dirigindo-se a mim, informou-me que era o segundo sinal do trem, conforme tínhamos sido avisados.

Voltei-me para o Swami, para agradecer-lhe pela explicação, porém não precisei falar nada. Ele, de mãos unidas, já fazia o reverente cumprimento indiano em retribuição ao que eu pretendia dizer. Tentei controlar-me, para nada comentar sobre essa segunda sirene, mas não agüentei. Fitando Moira de frente, perguntei:

– Esse segundo sinal, se não me falha a memória, não iria ser dado quase em seguida ao primeiro? Por que demorou tanto?

– Racionalizar... Sempre buscando explicações! Será que você não pode dar um descanso para seu intelecto, Tron? Relaxá-lo e olhar para frente? Pare de medir o desempenho da memória, se ela falhou ou deixou de falhar – outros pontos devem ser considerados.

E prosseguiu:

– Lembra-se do que falamos sobre prazer e alegria? O prazer, meu amigo, enquanto existe, tende a encurtar o tempo, por que é temporal e dual; a alegria, ao contrário, tende a dilatar o tempo, porque a Unidade é atemporal. Nossa conversa não vai de encontro ao prazer, mas da alegria, pois busca a direção da verdade. E assim o tempo pode ser esticado. E ainda vou dizer-lhe mais uma coisa, que, aliás, você já sabe, é a sua especialidade e ainda vale para todos os atos do jogo da vida: tudo é relativo! Ah, e tem mais: não se esqueça daquele aforismo de Einstein: *Até onde as leis da Matemática se refiram à realidade, elas estão longe de constituir algo certo; e, à medida que constituem algo certo, não se referem à realidade.*

Enquanto as portas do trem se fechavam, um efeito contrário era produzido em mim: pareciam abrir-se. Senti que o trem já se movimentava de forma serena e macia, convidando-me a usufruir uma tranqüilidade ímpar. Minhas idéias, que até então racionalmente administrara, silenciaram-se, dando lugar a um estado de consciência mais amplo e sutil, dando a perceber, num relance, que, naquele momento, me situava no lugar certo com as pessoas certas. Apesar da cumplicidade entre mim, Moira e o Swami, mantinha, com relação a ele, uma distância que raiava a reverência. Essas percepções me escapavam, enquanto um morno e benéfico eflúvio me transpassava. Aquietei-me, em homenagem ao princípio da reflexão necessária.

CAPÍTULO XII

As Crianças

Risadas e barulho de brincadeiras, característicos de crianças pequenas, foi o que, dentro de meu estado de quietude, pude perceber. Apurei minha atenção e ouvi, nitidamente, um burburinho semelhante ao de festas infantis, porém não da forma um tanto caótica como é habitual: aqui, denotava alegria pura e percebiam-se algumas palavras ininteligíveis. Notei que o barulho vinha do vagão da frente e, à medida que me concentrava, ele parecia aumentar.

Subitamente, algumas crianças começaram a entrar em nosso vagão, uma após outra, formando uma espécie de fila. Eram umas trinta, no máximo, e pareciam apresentar três anos de idade em média. Em suas fisionomias, viam-se estampadas a pureza e a inocência, manifestadas de forma descontraída, espontânea e alegre, características ainda remanescentes da Unidade.

Elas foram passando e olhando para cada um de nós, passageiros daquele vagão, e, no mesmo passo, iam saindo pela porta de trás, a caminho do outro vagão. Apesar da aparente quebra da tranqüilidade, meu momento de reflexão não foi alterado.

Algum tempo depois, voltaram, só que correndo, ocupando o vagão da frente, de onde tinham saído. A última criança parou ao lado de nossos assentos, olhou-me e, sem qualquer cerimônia, subiu na poltrona, abraçando-me ternamente. Logo após, saiu correndo para unir-se aos outros, que já haviam sumido pela porta da frente. Ao olhar para Moira, percebi que ela já estava pronta para responder-me:

– Tron, lembra-se de que certa vez você disse que gostaria de aprender aquilo que deveria ser ensinado aos seus futuros filhos?

– Moira, eu nunca lhe disse isso. Posso, eventualmente, em alguma reflexão, ter pensado mais ou menos assim.

– Dá no mesmo. Vamos descobrir o que aquela úl-tima criança lhe passou. Quando atravessamos o primeiro portal, ainda estamos ligados, digamos... a fios invisíveis, que se vão quebrando à medida que crescemos. Até a idade de três anos, esses fios ainda transmitem experiências ou mensagens da Unidade, independentemente de seu aprendizado intelectual. As vias são outras e ainda estão livres. Podemos dizer que esse início de vida, ou jogo, como queira, é pura transição, e que o futuro como humano ainda será definido. Nesse caldeirão de coisas, estão misturadas as informações a que nos referimos, como estudos e interação com os semelhantes. Seus formadores, principalmente representados pela figura dos pais, deverão suprir o pequeno jogador com ensinamentos gerais e direcionados, como andar, falar, relacionar-se.

É nessa idade, Tron, que o cérebro deve se suprir de dados e informações adequadas para um correto desenvolvimento. E, junto com ele, obviamente, o discernimento. Outro fator primordial é a correta alimentação, que ajuda na qualidade da formação do corpo como um todo e, principalmente, na do cérebro. A parte mais difícil, Tron, é a retribuição dos pais, sob a forma de carinho, ao verdadeiro amor que elas, as crianças, trazem consigo.

– Moira, e a carga genética, não é importante? Você não falou dela.

– Não somente a carga genética dos pais é importante, mas também o nível de consciência deles, que, de certa forma, está incorporado na carga genética. Aliado à genética, são condições sine qua non: o grau de instrução dos pais e o tipo de família à qual o pequeno jogador estará agregado. Outros fatores existirão, porém esses serão os básicos. Agora, Tron, fique certo de uma coisa: aquilo que não for feito nessa idade nunca mais o será.

– Isso, sem dúvida, é uma forma de expressão – retruquei – porque, se não for, acredito que você esteja sendo um pouco dura, não?

– Nós, ocidentais – continuou Moira – quando pais, professores, formadores, religiosos e governantes, precisaríamos olhar com mais carinho para isso, para perceber que a verdadeira educação e a cultura de um povo não deveriam ser medidas unicamente pela formação universitária, mas pela qualidade da educação na primeira idade. A universidade é conseqüência. A verdadeira educação é muito mais complexa e abrangente. Inclui, além do currículo escolar, o relacionamento social, com suas normas de comportamento, ensinamentos e vivências filosóficas, religiosas, artísticas e, principalmente, familiares. Educar, do latim educare, significa criar, amamentar, sustentar, instruir, ensinar, entre outros. Percebe, Tron, que educar é um pacote complexo demais para uma compreensão mediana? É um todo, que todos os jogadores deveriam receber. A criança, na idade de três a quatro anos em média, em plena vivência do pacote, começa a cortar os fios que mencionamos para amarrar-se a outros, que não são mais proporcionados pela origem, mas pelas circunstâncias do jogo da vida. Esteja certo, Tron, de que não estou sendo dura de forma alguma.

– Moira, tenho que interromper seu pensamento, pois não acredito, assim como a maioria das pessoas, na irreversibilidade da má formação educacional.

– Engano seu, Tron. Se a maioria das pessoas pudesse pensar de forma um pouco mais orientalizada, haveria, talvez, mais harmonia nessa nossa discrepância social. Vamos pegar, por exemplo, um simples item: uma criança, em sua primeira idade, tem a capacidade de falar um ou mais idiomas e, dependendo de como for conduzida, falará corretamente e sem sotaque qualquer um deles durante toda a vida. No entanto, aquele que aprender a falar errado seu próprio idioma, com vícios de concordância, emprego errado de palavras, distorções fonéticas... encontrará muita dificuldade para chegar a falar corretamente. Aprender a ler e escrever nessa idade é uma coisa; já na idade adulta, é outra; despenderá muito mais tempo, além de a qualidade não ser a mesma.

– Moira, continuo não concordando! Conheço muita gente...

– Que conseguiu superar-se – disse Moira, interrompendo-me a frase – e que hoje ocupa altos escalões na sociedade ou no governo. Porém, Tron, isso só acontece quando há um autopoliciamento, que não é natural. Nos momentos de descontração, na intimidade, no lazer informal ou nos repentes de raiva, a forma original vem à tona. A pessoa pode expressar-se e até pensar certo, porém aquilo não está incorporado. É como o acessório de um automóvel colocado posteriormente, que não vem de fábrica, percebe?

Não pude deixar de sorrir, mas estava começando a entender o que ela queria dizer, pois, apesar dos argumentos óbvios dessa linha de pensamento, eles não deixam de gerar certo desconforto e sentimento de fragilidade quando vemos o quanto temos que mudar e compreender.

– É claro, Tron, que não podemos deixar de lembrar daqueles que, apesar de não terem tido na vida a oportunidade inicial, esforçaram-se, venceram circunstâncias adversas, às vezes consideradas insuperáveis, e hoje são pessoas melhores que muitas outras que tiveram, sim, aquela oportunidade. Dentro de cada jogador, há um elemento que pode mudar qualquer regra do jogo das circunstâncias: a Vontade. Voltando a falar de educação, acredito ser ela um dos principais fatores de desagregação do mundo, principalmente do terceiro, no qual ela inexiste e, quando existe, é ineficiente ou estereotipada de modelos geralmente importados.

– Mas, Moira, você não está colocando um peso muito grande na educação? A fome, a saúde e outros pontos não seriam também muito importantes ou até mais que a educação nessa desagregação?

– Precisamos tomar cuidado, Tron, com nossas qualificações, para não nos assemelharmos àquela imagem do cachorro que corre atrás da cauda: é a cauda que foge ou o cachorro que avança?... Prefiro acreditar que é o cachorro que avança, o resto é conseqüência. Assim acontece com a saúde e a alimentação, que são decorrentes da educação. Porém, atenção: hoje a idéia comum sobre educação é a acumulação de diplomas adquiridos em formações convencionais — para os que podem, é claro. Formação, como a própria palavra diz, pode ser entendida também como colocação em formas, assim como um bolo, que já tem sua forma final definida, para que as informações possam ser perpetuadas do jeito que sempre foram aprendidas. Você vê, Tron, que, tolhendo a criatividade das crianças e estudantes em geral, seu desenvolvimento pode ficar bloqueado. A quebra de antigas e decadentes formas é necessária para que novos conceitos surjam.

— Mas isso não pode constranger muitas conveniências? perguntei.

— Você não acha que é hora de mudar a decoração da casa?Além do mais, temos de enxergar a educação básica como superabrangente, diria mesmo um pacotão, no qual seria transmitido o conceito de limite em sua forma mais pura e plena, a começar pelo respeito aos semelhantes, aos mais velhos, aos animais, à natureza e, principalmente, aos ritos.

— Ritos? Como assim? perguntei desconfiado.

— Sim, ritos — disse-me ela, com muita naturalidade. Essa palavra o assusta?

Refleti por curto momento e respondi:

— Não necessariamente.

— Pois bem, rito é a forma de comportamento que

devemos ter para cada ocasião, para cada situação, permitindo-nos ter o melhor desempenho possível em cada uma delas. O rito, por exemplo, de um corredor de Fórmula 1 antes de uma corrida vai além do que é mostrado nas telas da televisão – são de foro íntimo: é o rito da concentração. Ele sabe que, dentro de uma corrida previsível, estará face a face com o imprevisível. Já o rito da platéia que assiste ao espetáculo será outro, pois a sua preocupação girará em torno da compra de pipocas, refrigerantes e bandeiras, e isso, apesar de não parecer importante, é um rito. Ao sentarmos à mesa, continuou ela, existe também um rito, que convencionamos chamar de etiqueta, e que nada mais é que a obediência a certas regras para que os indivíduos de um grupo possam coexistir harmonicamente, durante uma refeição. Num templo religioso, numa lanchonete, no cinema, em casa de amigos etc., deve-se ter atitudes ou ritos compatíveis com cada momento, você não acha?

– Moira, desculpe-me, mas o que eu acho é que você está fugindo do assunto.

Após ter-me olhado com certo espanto pela minha observação, sorrindo, respondeu:

– Um momento! Deixe-me concluir e você verá que não estou fugindo: rito e educação são duas palavras que às vezes se confundem e, na realidade, talvez sejam, mesmo, a mesma coisa, e caberá aos pais incutir na criança, desde o seu nascimento, a educação básica, conceitos de limites, ou seja, os ritos. Há aí, entretanto, um importante detalhe, continuava Moira, profundamente segura do que falava, se isso não for assimilado pela criança até seus três anos de idade, insistindo ela em bater na mesma tecla, haverá um certo tipo de mutilação educacional: lembra-se do que dissemos há pouco? Evidentemente não estou sendo tão rigorosa quanto alguns estudiosos sobre o assunto, que delimitam com rigor essas faixas etárias, mas temos de admitir que essa primeira fase da criança é, de fato, importantíssima para essa assimilação, pois dificilmente será suprida mais tarde por qualquer educador, mesmo pelos próprios pais.

• • •

O Swami, que até aquele momento encontrava-se estático em sua poltrona, e aparentemente extático, pronunciou-se:

– A tradicional e antiga cultura oriental agrega, o que para o Ocidente muitas vezes é supérfluo, outros valores. Outros fatores são levados em conta, como os espirituais, conjunturais, cármicos, cósmicos etc. Regras pétreas não podem ser transgredidas como outras tantas, por exemplo, o respeito e a veneração aos mais velhos, porque acreditamos que, neste estágio da vida, o ser humano passa a ser uma fonte de experiência e sabedoria. Nossos ritos são levados mais a sério. Cada um deles representa uma faceta de nossa vida. Outro exemplo é a forma de enxergarmos as lutas marciais como uma réplica da vida, nas quais a obediência às hierarquias é primordial. Os arranjos de flores, a preparação dos alimentos e demais variações de trabalhos manuais são todas formas de ritos que sempre induzem a um estado de concentração e intuição. Muitas vezes, esses processos conduzem a situações metafóricas, visando a moldar o caráter do indivíduo. Aliás, Babuji, todos os ritos são importantíssimos para quem quer galgar degraus mais altos na escala evolutiva. Até mesmo o ato de tomar um copo de água constitui um ritual.

– Como assim? perguntei.

– Como já dissemos, o rito induz a uma forma de concentração naquilo que está sendo executado. O grande segredo é ter atenção a todos os atos cotidianos. Isso acontecendo, você estará, a todo momento, num estado, digamos, de uma espécie de meditação. É claro que a concentração perfeita não é possível em todos os atos cotidianos, corriqueiros, dada a dinâmica do mundo atual. Estar ligado a essa idéia é que é o mais importante. Aos poucos, porém, a cultura oriental começa a fazer parte dos hábitos ocidentais, ainda que de forma cética e, às vezes, mal compreendida. A pureza, a inocência e a alegria dessas crianças que por aqui passaram sinalizam a abertura ao que foi dito. É por isso que estão aqui. É por isso que estamos aqui.

– Mas, Swami, já que você trouxe um sentido para a passagem daquelas crianças pelo nosso vagão, pergunto-lhe: o que significa aquele abraço que recebi de uma delas?

– Recoste-se nessa inusitada poltrona deste metafórico trem e, certamente, você será levado a uma percepção.

Positivamente, não mais me espantava com o que pudesse ser dito ou viesse a acontecer. Podia não estar entendendo o processo, mas... gostava daquilo que estava vivendo.

– Dentro de meu estado receptivo e à medida que a conversa transcorria, começavam-me a faltar perguntas e, às vezes, chegava-se ao ponto de o diálogo transformar-se em monólogo e eu apenas ouvia, sentindo que tudo acolhia.

Após o episódio das crianças, nosso vagão parecia retomar a seriedade. Divagava assim, quando meu pensamento foi cortado por Moira:

– Não, não, Tron, desculpe-me, mas tenho que interromper seu pensamento, para dar uma arrumadinha em seus conceitos e idéias. Um ambiente sério não significa que não possa ser alegre e descontraído. Seriedade, prosseguiu, não denota tristeza, peso ou monotonia. A seriedade pode e deve ser leve, permeada de alegria e sem complexo de culpa. A propósito, é como o jogo da vida deveria ser: sério, leve e alegre.

CAPÍTULO XIII

Os Caçadores de Circunstâncias

Quando você comunga a mesma filosofia daquilo ou daqueles que você comanda e, da mesma forma, com relação a seus hierarquicamente superiores, a impressão que se tem é a da formação de um só conjunto. Tive algumas vezes esse tipo de percepção quando comecei a dominar com destreza meu parapente. Ele começava a fazer parte de mim e a impressão ou sentimento que tinha era a de sermos uma só coisa. Isso sentem os cavaleiros com relação aos cavalos. Quanto mais intimidade se tem com aquilo que se comanda, mais profunda é a comunhão. Não pude deixar de lembrar-me também de minha relação com meu par de esquis e da cerimônia que ainda sinto com relação a ele. É tão grande que ainda o chamo de senhor.

Começava a sentir-me à vontade naquele trem, apesar de não ter me levantado da poltrona, e tinha a impressão de que ele, de certa forma, atendia ao meu comando – pensamento talvez um pouco absurdo. Ou, quem sabe, poderia ser o contrário? O trem propiciava esta atmosfera para poder me comandar? Não importava. Sentia que o mais importante era minha comunhão com o conjunto trem/pessoas.

Poderia apostar que, se eu perguntasse se iríamos parar em alguma estação, esta apareceria em poucos instantes, se fosse necessário. Achei melhor não testar. Percebia que Moira, sabiamente, jogava um assunto *en passant* e eu, avidamente, mordia a isca.

Desta vez, Moira, olhando fixo para mim, utilizando somente sua expressão, pedia-me que desse continuidade à conversa e, assim como um peixe que se rende ao anzol, quebrei o silêncio, perguntando-lhe:

– Moira, e quanto ao jogo da vida, quando falaremos dele?

– Tron, até agora estamos, superficialmente, tratando de alguns aspectos, simplesmente para que possa existir um pano de fundo. Só que esse cenário não é fantasioso, mas o cenário da vida em que ele transcorre. É mais prático, rápido e verdadeiro. Decifrar as nuances, enigmas e esconderijos faz parte do jogo, bem como entender aqueles que interagem com você no que diz respeito à atitude de cada um perante as circunstâncias. Fique tranqüilo, porque até agora só temos falado dele.

– Falado do quê?

– Do seu pedido, ora.

– Sabe, Moira, exclamei, estou achando melhor tomar nota do que você fala, pois sei que me será útil. Tenho receio de não saber reproduzir o que você diz.

– Tron, que falta de imaginação! Quão pobre é essa idéia de tomar nota! É claro e óbvio que você nunca será capaz de reproduzir tudo aquilo que digo! Seria ex-

102

tremamente frustrante para mim se você fosse capaz disso. Você dirá e reproduzirá suas próprias idéias, da sua forma e no seu estilo. Metáforas não são literais, são subjetivas. Sendo assim, você as entenderá de acordo com seu desenvolvimento interno. De mais a mais, é bom que você compreenda de uma vez por todas que uma explicação ou resposta não necessariamente são curtas ou diretas. Assim, a melhor forma de expressarmos uma idéia é a metáfora e, complementando o que disse, ela pode ser representada por uma história, conto ou mesmo uma parábola. Elas é que são as expressões essenciais do pensamento humano, continuou, fazendo-nos criar relações imperceptíveis ao racional. São as idéias subjetivas que criam os vínculos e não as idéias lógicas e objetivas. Porém, Tron, não descarte suas idéias racionais. Mantenha-as, sim, e coesas, e reserve-as, porque sempre serão úteis. O discernimento precisará delas quando estiver de braços dados com a intuição. Você é um caçador de circunstâncias ou de relações, não importa a palavra, e, como tal, não pode agir de outra maneira.

– Caçador de circunstâncias? perguntei.

– Dentre as inúmeras classificações que podem ser dadas aos jogadores, uma delas diz respeito aos acomodados ou caçadores de circunstâncias. Os acomodados, por princípio, não despendem grandes esforços e deixam-se levar pela correnteza do jogo da vida, direcionando-se, às vezes, para lá ou para cá, de uma forma que não contrarie o fluxo imposto. Nessa correnteza, vários são levados e muitos vêem-se, constantemente, lado a lado com seus parceiros acomodados que, eventualmente, podem fluir na mesma direção. Sempre dizem, conformadamente: "A vida é assim, que se vai fazer..."

– Mas, Moira, não existe um pensamento oriental que diz: "Aqueles que seguem a ordem natural seguem a corrente do Tao"?

– Seguir a ordem natural não é seguir o modo de vida do mundo atual, que está totalmente fragmentado em todos os seus aspectos. Alguns pensam que "seguir a onda do mundo" é seguir a ordem natural. A ordem natural, a verdadeira vocação do homem, deveria ser sempre a evolutiva. Por isso, nesse jogo da vida, para seguirmos a ordem natural, é necessário estarmos constantemente contra a correnteza do mundo. É uma atitude mal vista.

– Esses que se deixam levar pela correnteza do mundo não seriam aqueles que dizem "eu sou assim e não mudo"?

– Não somente esses são acomodados, Tron, mas denotam uma profunda ignorância e um baixo nível de consciência, pois, na frase "eu sou assim e não mudo", decretaram a sua estagnação. Já os caçadores de circunstâncias, continuou ela, enxergam sua própria direção por serem extremamente determinados. Algumas vezes, como estou dizendo, chegam até a contrariar a correnteza; outras vezes, sua direção é a do próprio fluxo, por pura coincidência. Neste caso, muitos dos acomodados, vendo-os caminhar junto a eles, dizem: "Viu? Demoraram, mas acabaram tomando juízo! Estão andando ao nosso lado e fazendo o que a gente faz!" Esse é um tremendo engano dos acomodados e dos ignorantes, Tron, porque o buscador independe do fluxo e, além do mais, isso pode estar significando, entre outros possíveis motivos, uma nova tomada de posição ou a concordância dele com uma coisa ou outra oferecida pela correnteza. A vocação do acomodado, Tron, é completamente diferente da do buscador, que procura resolver problemas, sejam eles contra ou a favor do fluxo e, se não os resolvem, não desiste. Ele sempre tem a certeza de que pode mudar uma situação e, se eventualmente não consegue, só o fato de ele tentar irá arrastar outros jogadores, inundando com essa energia o seu redor. É a energia ou fogo da criação que, na Trindade da maior parte das religiões, é representada pela Terceira Pessoa. Os buscadores, Tron, não têm os pés fixos no chão. Eles tocam o chão, porque nunca estão parados. Estão sempre em movimento para a frente, na maior parte das vezes correndo, não dando tempo para que as forças telúricas impregnem seus pés. Sempre não concordam com o chavão que diz "A vida é assim", quando se defrontam com dificuldades e, pensando dessa forma, buscam saídas, provando que a vida sempre pode ser melhor.

O nível de consciência do buscador, prosseguiu ela, tende sempre a ascender e a dos acomodados tende sempre a estagnar-se ou a decrescer, seguindo a lei Física do menor esforço. Em outras palavras, vencer as circunstâncias é o que dá têmpera ao jogador, porque o buscador enxerga as dificuldades como circunstâncias a serem contrabalançadas com outras, criadas por ele próprio, ainda não disponíveis. Tudo depende do ponto de consciência do jogador.

– Espere um pouco, Moira, você não estaria querendo dizer: ponto de vista? Quando lhe perguntei isso, não sabia ao certo o que queria ouvir. Talvez fosse apenas para ganhar um pouco de tempo para assimilar melhor tanta informação.

– Tron, "ponto de vista" pode ser considerado como um ângulo de observação, no qual os jogadores emitem opiniões diferentes sobre um mesmo fato, tendo em comum, ou muito próximos, seus planos de consciên-

105

cia. Habitualmente, não se chega a conclusões satisfatórias. Ponto de consciência é a observação feita no patamar em que o jogador se encontra, não sendo levada em conta a horizontalidade do problema, mas sua profundidade. Para um acomodado, talvez seja um mero ajuste de semântica.

CAPÍTULO XIV

Sorte ou Azar?

– Moira, perguntei, então as circunstâncias são manipuláveis, dependendo da vontade de cada um?

– Muito mais do que você possa imaginar e tanto quanto você queira. Tron, entenda que somos, freqüentemente, bombardeados pelas circunstâncias, por todos e por tudo que nos cerca, e elas podem interagir ou não com aquelas criadas por você. Na maior parte das vezes, nós não as percebemos, tanto que, se uma circunstância de dez toneladas cair sobre sua cabeça ao virar um esquina, você pode até não percebê-la, caso não esteja atento – consciente no nível adequado. Cuide, porém, de suas circunstâncias e não tente entender as de outros indivíduos, caso não haja interação com as suas, porque, como você sabe, a palavra indivíduo significa indivisível. Além de não entendê-la em sua integridade, você não saberá interliga-las. Por isso, cuidado ao tentar ajudar alguém. Só o faça se tiver a certeza absoluta de que entende bem a si próprio. Uma circunstância criada por você pode tomar uma conotação favorável ou não, você é quem decide, Tron.

– Moira, não poderão aparecer fatores imponderáveis que mudarão as características de uma circunstância, por exemplo, de boa para ruim ou vice-versa?

– Imponderável pode ser definido como tudo aquilo sobre o qual não se pode ponderar. Fique entendido que o grau de ponderabilidade está diretamente ligado ao grau de consciência do indivíduo, que pode ou não absorver determinado fato, tornando-o ponderável ou imponderável. Dessa forma, tudo pode ser ponderável, tudo!

Resumindo, Tron, ela continuou, a falta de entendimento ou de consciência para a percepção de uma determinada circunstância pode levar o jogador deste nosso jogo da vida a entendê-lo como sorte ou azar.

– Então, Moira... sorte e azar...

– São mera conseqüência do que é produzido por você próprio. Você produz a sua sorte ou azar. O simples fato de você acreditar que tem sorte e de que a vida pode ser cada vez melhor e, o mais importante, empenhar-se nessa idéia faz com que você atraia para si energias muito positivas. Em outras palavras, quem acredita piamente que tem sorte sorte terá. É uma espécie de invocação que cria em você uma aura positiva.

– Posso entender o que você está falando, mas, convenhamos, Moira, não é possível que haja alguém que queira por sua própria vontade ter azar!

– É possível sim, Tron, mais do que você pode imaginar. Acontece assim: não basta você se sentar em uma poltrona e esperar que a sorte venha. É preciso trabalhar nisso e para isso, entendendo cada circunstância e acreditando nela. Só que o livre-arbítrio, o tão famoso e cultuado livre-arbítrio, faz coisas interessantes, inconseqüentes e enganosas. O livre-arbítrio, na maior parte das vezes, é emocional e muito pouco mental. Ele se junta a um conjunto de circunstâncias, como anseios do momento, modos de vida e carga cármica. Esses anseios nada mais são que os desejos e podem ser expressos sob a forma de involuntárias orações ou invocações, que, num momento de extrema emoção, podem ser por nós proferidos. E um dia, quando menos se espera, o que foi implorado poderá acontecer – seja bom ou ruim.

– Existem outros fatores que podem influenciar negativamente?

– Sim, respondeu ela. E dentre eles destaco, com grande veemência, a ignorância, uma das características que definem o baixo nível de consciência, que cultua a desgraça a ponto de saboreá-la morbidamente. Sob esse aspecto, quanto mais profunda ela for mais atrairá para si cargas negativas.

– Seria uma forma de justificarmos para nós próprios a condição em que nos encontramos? perguntei.

– Talvez sim, sob esse aspecto. Porém lembre-se de que baixo nível de consciência é o mesmo que baixas vibrações. Essas por si só já são deletérias.

– Moira, lembro-me de minhas aulas de *karatê*, quando cada golpe era reforçado por um *kiai* e, dependendo de sua qualidade, a qualidade do golpe era definida.

CAPÍTULO XV

O Homem do Casaco Índigo

Estávamos confortavelmente acomodados em nossas poltronas e imersos numa deliciosa atmosfera. Naquele momento, no interior do vagão, tudo nos convidava ao aquietamento. Comecei a perceber que, de vez em quando, os tum-tum discretos que as rodas do vagão faziam ao passar pelos espaços entre um trilho e o próximo às vezes, curiosamente, coincidiam com o ritmo de minhas batidas cardíacas. Moira fitava-me profundamente e eu sabia que ela queria que eu retomasse nossa conversa, se é que posso chamar de diálogo aquilo que acontecia entre mim e ela.

Todas as coisas que Moira me havia dito até então, apesar de tê-las entendido e absorvido em grande parte, ainda não faziam para mim uma clara ligação. Muitas vezes, pairava a dúvida acerca do que seria mais importante. Terminando essa seqüência de pensamento, Moira falou:

– Ao contrário do que você possa imaginar, Tron, antes de saber fazer a ligação entre os assuntos, você deverá, por uma percepção interna sua, saber qual ou quais são os mais importantes. É em função exatamente disso que você vai fazer o inter-relacionamento entre eles. Saiba, porém, que a maior ou a menor importância dada a cada assunto é de foro exclusivamente seu e, de mais a mais, provavelmente estaremos juntos até a chegada da estação do Hotel Internacional. Sendo assim, você ainda terá a oportunidade de perceber algumas coisas mais.

– Sim, respondi, claro que gostaria de aprender mais. Aliás, é o que mais quero.

– Isso eu sei, respondeu ela, e, apesar de sua frase não ter sido muito original, eu estava me referindo a "estarmos juntos".

Mesmo não tendo compreendido bem a observação, nada disse, mas minha cabeça, involuntariamente, num espasmo de educação, fez que sim.

Pela janela, as paisagens passavam velozmente tingidas por suaves cores em pastel, coincidentemente as minhas tonalidades preferidas. Aguardei durante alguns momentos, esperando que Moira fizesse alguma observação sobre os meus pensamentos. Ela nada dizendo limitou-se a olhar-me pelo canto dos olhos, com um sorriso de aprovação, o que já denotava estreita coligação entre nossas idéias. Dirijo-me a ela e pergunto:

– Estamos juntos há bastante tempo e, até agora, você só falou de Deus de uma forma, digamos assim, lacônica, nunca diretamente. Existe algum motivo específico para isso?

– Sim, existe, ela respondeu-me prontamente, e deduzindo que minha pergunta imediata seria "por quê?", atalhou dizendo:

– Porque você nunca me perguntou. Porém saiba que, até então, só falei de Deus. Dizendo isso, aguardou alguns momentos e, como não houvesse manifestação de minha parte, continuou:

– Tron, vamos seguir uma linha de pensamento que talvez possa facilitar a compreensão de estarmos diante de novos reconhecimentos. Vou começar fazendo-lhe uma pergunta: quando você entra num cinema para, obviamente, ver um filme e este trata de assuntos que você não entende, por estarem muitíssimo além de sua compreensão, você os aceita, não os aceita ou ainda aceita-os posteriormente?

– Não sei, nunca pensei dessa forma. Acho que depende.

– Depende do quê? perguntou-me.

– Sei lá! O que sei é que, às vezes, concordo com o que me é apresentado e outras, não.

– Então, Tron, vamos tentar de outra forma. Se você está vendo um filme que trata do cotidiano, com um conteúdo simples do dia-a-dia de uma pessoa comum e, de repente, surge na história uma abordagem mística ou de ficção sem mais nem menos. Você provavelmente não vai aceitá-la, pois, sintonizado com a proposta inicial do filme, um argumento diferente entraria em choque com o que estaria sendo exibido, não é? Porque o seu parâmetro de comparação é a sua própria situação de homem material, feito de carne, ossos, dentes e cabelos, que anda sobre a terra cuja lei de gravidade o atrái para baixo e, como homem material, é sempre policiado e restringido pelo raciocínio.

Fiz menção de falar, porém, com as mãos, educadamente, Moira sinalizou para que eu aguardasse a conclusão de seu raciocínio.

– Agora, se você entra para ver um filme de ficção místico-científico, esses que hoje são abundantemente produzidos com uma qualidade excepcional, diga-se de passagem, a sua postura é outra. Seu raciocínio lógico aquieta-se e só se pronuncia quando eventualmente solicitado, deixando-o livre para não necessariamente aceitar de imediato as cenas e situações mostradas, mas, ao menos, seguir todo o filme sem censuras. Observações do tipo: "não acredito nisso" ou "isso não tem pé nem cabeça" não cortarão a sua linha de pensamento supra-racional, fazendo com que você se mantenha nela até o final. Quando o filme terminar, você continuará pensando nele e, se pensou sobre ele, é porque foi por ele tocado e quererá vê-lo novamente para descobrir dezenas ou centenas de detalhes que se encaixam para compor sua idéia geral. Certamente, muitas idéias poderão constituir uma espécie de verdade para você. Como vê, tudo é uma questão de predisposição a uma idéia, até mesmo com relação a conceitos espirituais. O que eu lhe sugiro é que, a partir de agora, passe a encarar tudo o que for dito como uma ficção e verá como sua aceitabilidade mudará drasticamente.

– Mas, Moira, às vezes eu posso não concordar com algo e, pelo que você diz, eu tenho de aceitar sempre tudo!

– Para isso é que existe o discernimento. Não aquele discernimento superficial, mas mais profundo, que se confunde com a intuição. E nunca, Tron, nunca deixe de lembrar-se de que o livre-arbítrio é poderosíssimo e adora os preconceitos.

Voltei a olhar através da janela para contemplar o lado de fora e percebi que, após um leve sinal sonoro, o trem começou a perder velocidade até parar defronte a uma estação, cujo nome passou-me despercebido. A porta de nosso vagão situava-se na parte de trás e, como eu estava sentado ao lado esquerdo do corredor e mais à frente da porta, não vi quem entrou. Pelo ruído, deduzi que havia entrado alguém. Soou o primeiro apito e as portas fecharam-se. Desta vez, fiquei prestando atenção se o tempo entre o primeiro e o segundo apito era o mesmo, como haviam me dito. Quase em seguida, para minha decepção, o segundo apito soou. As portas fecharam-se e o trem começou a andar.

Senti, ao meu lado direito, alguém. Vi que se tratava de um homem que, com gesto educado, pedia-me licença para ocupar a poltrona vazia à minha frente – pois o Swami que ali estivera já se levantara há algum tempo. Era um senhor de meia-idade, com barbas ruivas bem curtas e aparadas, cabelos também curtos e ruivos. Transmitia-me com sua presença uma sensação de energia e vigor, devido ao seu porte altivo, ombros largos e traços faciais talhados profundamente, com fortes maxilares. Seu semblante contrastante denotava muita calma. Era um tipo, pensei, que não gostaria de ter como inimigo. Trajava um sobretudo índigo de confecção primorosa, camisa branca com golas estreitas e uma gravata discreta de cor indefinível com nó à moda russa. Em sua lapela, um alfinete com um símbolo que não pude identificar, mas que, apesar de pequeno e discreto, chamou-me a atenção. Seu gestual transmitia confiança. Ao sentar-se, seus olhos de um profundo e escuro azul dirigiram-se primeiramente para o teto, como se estivessem absortos em algum devaneio.

Moira, que ocupava a poltrona da janela, deixara

um assento vago entre eles. Olhava distraidamente para fora, parecendo nem ter percebido que chegara alguém, observando a paisagem que começava a movimentar-se à medida que o trem ganhava velocidade.

Voltei minha visão e atenção laconicamente para a figura à minha frente. Ele, que até então olhava para o teto de forma peculiar, dirigiu seu olhar para os meus olhos. Quase que imediatamente senti-me uma presa hipnotizada por seu predador dominante. Um calor espalhou-se pelo meu corpo, indo concentrar-se no plexo solar, subindo para o peito e, posteriormente, para a cabeça. Seus olhos parados, que pareciam soltar faíscas, fixaram-me de forma ainda mais intensa. A parte direita de minha cabeça parecia estar em chamas, porém nada doía. Era somente uma sensação de calor produzido por uma altíssima vibração. Meus olhos, aos poucos, foram se fechando. O calor abrandou-se e uma sensação agradável de vazio preencheu todo o espaço. Era um nada, porém... denso. Olhei para meu corpo e não pude ver meus braços, mãos, pernas... "Acho que me transformei em uma idéia", pensei, e isso me acalmou, pois continuava a pensar, dando-me conta de que existia, segundo dizem.

Subitamente, uma força poderosíssima, numa velocidade fantástica, começou a sugar-me para trás através de uma fenda no nada. Era como se eu estivesse entre dois planos infinitos. Em instantes, percebi que não era eu quem era sugado para trás, mas os planos incandescentes é que avançavam para frente, constatação que não fazia, naquele momento, a menor diferença. A princípio, eu queria despertar dessa espécie de sonho, mas intuitivamente percebi que nada deveria temer. Então, tive a certeza do que estava acontecendo: eu retrocedia aparentemente no tempo, até chegar ao seu ponto inicial, há 15 bilhões de anos, para assistir à deflagração do Big-Bang.[5]

Ao assistir a essa deflagração, eu assistia à separação da matéria da antimatéria. Era como uma peça saindo de seu molde. Em seguida, tive uma sensação que era exatamente oposta à anterior, pois eu avançava no tempo, retornando à minha posição inicial. Continuava, assim, imerso no nada, contemplando-o reverentemente, pois sabia que ele continha o Tudo. Percebi um ponto nesse Nada e, apesar de esse ponto não ter dimensão, movimentou-se, alongando-se, formando uma reta com começo, meio e fim, passando a ter dimensão. A reta transformou-se num triângulo eqüilátero, com a área interior de cor incandescente destacando-se do Nada-Tudo, deixando um vazio no local – um antitriângulo. Sabia que o Nada-Tudo era a Unidade, bem como, por reconhecimento, entendia o que estava acontecendo. Essa projeção era a Consciência[6] ou a trindade humana, que se manifestava no seu trino aspecto e que se instalou imediatamente em um óvulo humano recém-fecundado.

Vi aquele feto crescer sempre com o incandescente luminoso em seu interior até o momento do nascimento de seus corpos físico, emocional e mental. Percebi que, nos primeiros anos de vida, a consciência ainda residia no triângulo incandescente. Aos poucos, a consciência era puxada para fora, começando sua longa peregrinação e, paulatinamente, entregava-se aos desmandos da personalidade por intermédio de veículos[7] que comandam ações, desejos e idéias, produzindo uma cortina de fumaça que dificultava assim sua trajetória.

---
5 15 bilhões de anos é o tempo estimado pela ciência para a deflagração do Big-Bang, que é hoje a melhor explicação científica para o início do Universo.
6 A consciência também pode ser o verdadeiro Eu, Deus interno, Essência, entre outros,
7 A personalidade usa, como instrumento, os corpos físico, emocional e mental. Por esse caminho deverá passar nosso verdadeiro ser que, por intermédio da consciência, deverá fazer sua difícil peregrinação pelos obstáculos oferecidos pela personalidade. Simbolicamente, os três corpos correspondem a degraus que devem ser galgados pela consciência.

Com o passar do tempo, a consciência lembrou-se de sua origem e, lembrando-se, iniciou um ferrenho embate com sua dominadora e tirana personalidade, até então senhora da situação. A consciência, de início, não conseguia levar vantagem contra sua oponente. Aos poucos, com muito esforço, brechas foram se abrindo nas emoções e idéias, para divisar no seu fundo uma fulgurante luz, esquecida no fim da jornada.

A personalidade, a partir desse momento, veio sendo minada por essas fendas que, em número cada vez maior, acabaram aos poucos dominando-a, reduzindo-a e fragmentando-a. Assim, foi possível à consciência, com o caminho razoavelmente desimpedido, fazer visitas cada vez mais constantes à Luz, sua verdadeira Casa Interior.[8]

Assisti também à desencarnação do indivíduo que vi nascer e ao retorno de seu triângulo luminoso à Unidade, reocupando o lugar ainda vago de onde saíra.

• • •

Despertei subitamente daquele estado perceptivo e receptivo e, envolto na aura imprecisa e ampla daquela espécie de sono, verifiquei que a poltrona da frente, ocupada pelo homem de casaco índigo... já estava vazia. Moira continuava junto à janela, na mesma posição em que estava há pouco, aparentemente alheia ao que havia ocorrido comigo.

---

8 Este retorno à Essência pode ser feito pela consciência através dos caminhos da vontade-poder, amor-sensibilidade ou da inteligência criativa, dependendo das características pessoais de cada um. Essas características também podem ser chamadas de Raios, e o indivíduo fará esse retorno por aquele que nele for predominante. (Literatura recomendada: D'ÁVILA, Tereza. Castelo Interior ou Moradas. SP: Ed. Paulus. TRIGUEIRINHO, José, A Energia dos Raios em Nossa Vida. SP: Pensamento).

O que vi deixou-me profundamente confortado, por ter sentido a presença da infinita força que existe em cada um de nós, simplesmente dependente de nossa intenção em abrir as brechas para lá descobrirmos nosso verdadeiro Eu. Percebi também que a batalha que se iniciava com a minha personalidade não seria fácil.

As ações físicas desordenadas, os insaciáveis desejos emocionais e mentais, os preconceitos, os errados conceitos, as idéias, as antipatias, as idiossincrasias, os pesos e valores cedidos erroneamente a coisas mesquinhas, corriqueiras, os pesos e valores dados às coisas importantes, importantíssimas, sagradas, tudo isso eram tijolos que formavam uma muralha. Porém, me haviam sido dadas uma talhadeira e uma marreta movidas pela vontade, pelo amor e pela inteligência-criativa. Intimamente, sabia que essa muralha estava com os dias contados, mas sabia também que não seria fácil.

CAPÍTULO XVI

Religiões?[9]

Ainda estava um pouco aturdido pelo recente acontecimento que me levara de certa forma a entender determinadas verdades de maneira rápida e compacta. Mantendo em meu íntimo o que havia acontecido e sem buscar explicação para o inexplicável, olhei para Moira e perguntei:

– Por que tanto folclore, Moira, por que buscar tão longe algo que temos dentro de nós?

– Tron, você por algum motivo teve a graça de uma visão. Contudo, você ainda faz parte do mundo e as dificuldades continuam aí para serem vencidas.

– Como assim, Moira?

– O simples fato de você perguntar "como assim" significa que está a caminho, porém não chegou lá. Em

---

[9] As primeiras representações conhecidas do homem são religiosas. De acordo com o pensamento do sociólogo francês Durkheim (1858-1917), existe em toda religião uma cosmologia e ao mesmo tempo uma especulação sobre o divino. Foi na religião que nasceram a filosofia e a ciência, não havendo possibilidade verdadeira de se encontrar seu início, um primeiro começo absoluto. Como toda instituição humana, a religião não começa em parte alguma, podendo-se buscar, sim, as causas e formas mais essenciais do pensamento e prática religiosos. Toda religião ultrapassa o círculo das idéias religiosas, fornecendo um meio de discutirmos seus problemas. (DURKHEIM,E. As formas elementares da Vida Religiosa: o sistema totêmico na Austrália. SP: Martins Fontes, 2001)

outras palavras, aquele vislumbre deu-lhe uma "informação" de como funciona a coisa. Você não fez ainda esse caminho de volta, mas sei que quer fazê-lo. E sei também que sua fé, em função disso, ficou potencializada e será ela que o ajudará a abrir os caminhos. Quando o fizer, aí sim, você terá adquirido o conhecimento que vem através da vivência e da experiência. O que você recebeu foi uma noção de como pode funcionar a busca. Poderia até dizer que agora começa o seu trabalho de ir em direção ao que você já sabe que existe. Alguns chamam de religação.

– Religião, você quer dizer. É então a religião que mostra esse caminho para a Unidade? E, se é, qual delas seria a melhor, já que nunca fui muito informado sobre esse assunto?

Antes de responder-me, ela aspirou devagar e profundamente o ar e o foi soltando aos poucos. Repetiu algumas vezes esse procedimento. Cheguei até a achar que poderia ser um subterfúgio para pensar.

– Tron, todas deveriam buscar esse caminho, que é o inverso daquele tomado pela personalidade. Porém, só algumas o fazem e mesmo assim de forma velada e não explícita. Você me falou em religião... pois bem, a origem dessa palavra é latina[10] e enseja, conforme conhecemos, seita, culto etc., não correspondendo exatamente ao que deveria significar, ou melhor, àquilo que você gostaria que significasse. Talvez a palavra latina *religare*[11] seja mais eficiente, ensejando uma religação – dentro do que estamos conversando – com a Unidade. Não se trata simplesmente

---

10 *religio, religiones,* segundo Cícero, significa "culto, cerimônias religiosas, o escrúpulo de consciência". Segundo Justinus, significa "superstição" e, segundo Virgílio, significa "o medo, o horror que infundem as coisas religiosas." (SOUZA,Francisco Antonio. *Novo dicionário Latino-Português*. Portugal:Lello & Irmão, 1961)
11 *religo-religare*, significa "tornar a atar, amarrar, atar bem, ligar, prender; consagração a alguma divindade" Idem. Ibdem.

de ligar, mas religar, significando alguma coisa que foi desligada. A essa religação poderíamos chamar religiosidade. [12] Seja qual for o significado semântico da palavra religião, religação, religiosidade, ou qualquer outro que possa ser usado, o que eu posso lhe adiantar é que, dentro daquilo que sinto, o "caminho da volta" para a Unidade é um só: é a senda da vontade-poder, amor e inteligência criativa.

– Mas e a fé? Onde ela entra nisso? Você não me disse que ela seria um dos caminhos?

– Tron, não façamos confusão. A fé faz com que você tenha a certeza de que existe um destino certo para a sua consciência e é ela que disponibiliza e fortalece um, os dois ou os três aspectos da Trindade manifestada.

– Moira, desculpe-me se insisto, mas é que tenho uma grande jornada pela frente e gostaria de ter esses conceitos bem sólidos em mim. Certa vez, ouvi algumas palavras de Ghandi[13] sobre as religiões dizendo justamente o contrário do que você está expondo.

– Calma, Tron. Em primeiro lugar, a clareza e solidez de suas idéias, o que você pode até continuar chamando de conceitos, é uma decisão exclusivamente sua. Simplesmente estou lhe mostrando algumas noções sobre um determinado ponto de consciência que, como sabemos, é somente um pálido aspecto da Verdade. Em segundo lugar, vou lhe dar dois exemplos.

---

12 Do pensamento de David Hume, filósofo do século XVIII, extrai-se que a religiosidade (a fé) é natural; a religião não é natural. (MONTEIRO, J. P. G. David Hume. *Os Pensadores*. SP:Nova Cultural, 2004)
13 *As religiões são caminhos diferentes convergindo para o mesmo ponto. Que importância faz se seguimos por caminhos diferentes, desde que alcancemos o mesmo objetivo?*" Mahatma Ghandi.

Vamos supor que você more em uma capital desenvolvida, de recursos modernos, e queira ir para uma longínqua e atrasada cidadezinha. Suas possibilidades financeiras só permitem que você vá de ônibus. Detalhe: não existe ônibus direto e você terá de fazer escolhas entre as várias baldeações das diversas cidades. Os ônibus utilizados estão em situações cada vez mais precárias a cada etapa vencida. Para dificultar, o último trecho deverá ser feito a pé, porque o destino é inacessível a qualquer tipo de veículo. É necessário que você vá a essa cidade, porque nela se encontra sua mãe que clama por sua presença e por ela você acalenta o mais since-ro amor. Além disso, sua vontade deve ser profunda, pois não são poucas as dificuldades. Para contorná-las, você usa sua criatividade e discernimento, para estudar os melhores itinerários, caminhos e formas de locomoção. Tron, o caminho-lugar pode até variar, dependendo das circunstâncias e das baldeações imprevisíveis, porém, não fossem o amor, a vontade, e a criatividade–discernimento, não haveria o impulso para empreender a viagem. São eles que definem o verdadeiro caminho. Esotericamente, o caminho da consciência ao seu interior é chamado por alguns instrutores de "O caminho do fogo",[14] que é o caminho mostrado explicitamente por pouquíssimas religiões, usando ainda essa palavra aceita por todos. O outro exemplo é uma pergunta que vou lhe fazer: quantos caminhos existem para se ganhar dinheiro? (com honestidade, é claro, e, obviamente, com a exclusão do dinheiro ganhado de heranças, prêmios, loterias, contribuições etc.).

---

14 "Por seu poder libertador e dissipador, o fogo é símbolo de uma energia capaz de romper obstáculos e conduzir a consciência à essência. O caminho do fogo é o da ascensão contínua, do ardor da entrega ao que, no interior do ser, o leva a transcender o estado já alcançado. Os que assumem esse caminho não temem a transformação. " (TRIGUEIRINHO, José. Glossário Esotérico. SP: Pensamento)

– Inúmeros caminhos, creio eu. Aliás, quase infinitos, acrescentei, porque são tantas as profissões, especializações, que...

– Pois eu lhe digo que existe um só caminho, disse-me Moira, cortando-me a frase, que é o do trabalho. As profissões e especializações são as maneiras do trabalho. Prefiro entender que Ghandi, como grande mestre que foi, talvez tenha usado de metáfora quando se referiu a caminhos diferentes, continuou Moira. Provavelmente referia-se às diversas formas de expressão utilizadas pelas religiões, para mostrar, dentro do entendimento de cada um de seus seguidores, o verdadeiro e único caminho. As religiões verdadeiras conhecem esse caminho e sabem que é único.

– Então, Moira, são as formas de expressão de cada religião dirigidas a um determinado grupo de pessoas com nível de consciência semelhante que as colocam neste ou naquele ponto do caminho evolutivo-espiritual?

– Você percebeu, Tron, que não tem sentido falarmos que uma religião é melhor que outra? E que, dentro de suas formas de expressão, aspectos, como regionalismos, época histórica e, o mais importante, a que nível de consciência ela se destina, ela aparentemente pode variar muito? Agora se cada indivíduo, encharcado de livre-arbítrio, enxerga as coisas materiais – aquelas plenamente manifestadas desse mundo que pensamos ser conhecido – de uma forma tão diferente dos demais, imagine então quando forem tratados os assuntos subjetivos! De longe, pode parecer que são vários os caminhos. Porém talvez sejam formas ou aspectos de sua expressão.

Moira olhou para mim e disse que talvez bastasse o que havia sido dito sobre religião e perguntou-me se eu havia parado com as perguntas por estar com dificuldade em formulá-las. Mais uma vez, com sua delicada intuição percebia minhas mais sutis intenções. Aquietei-me, pensando e encarando aquela figura intrigante que parecia conhecer tantas coisas.

– Independentemente do que é pregado em cada religião e, por mais incrível que possa parecer, Deus, se assim você quer chamá-Lo, é literalmente seu amigo mais íntimo, porque está em você. Mas é necessário que O encontre e, para encontrá-Lo, aumente seu grau vibratório, o que, dentre as inúmeras formas, pode ser feito através de orações e invocações que o deixarão disponível para a meditação. Para isso, basta deixar de lado seus pensamentos e sua personalidade e, nos momentos em que você se disponibilizou a encontrá-lo, esteja certo de que essa é a coisa mais importante e a que você mais quer. Essa energia, para ser manifestada em você, não admite a influência de outros assuntos que possam remanescer sob a forma de pensamentos ou emoções. Ele está no seu âmago. Procure-O e O encontrará. Tanto é assim que alguns mestres e instrutores citam: *Há somente um centro, para o qual não existe circunferência. Mergulhe fundo dentro de si mesmo e O encontre*;[15] *Quando o ser humano busca Deus no exterior, nunca O encontrará.*[16] Essa energia divina é onipresente e tudo perpassa, mesmo os que não estejam atentos, bons e maus, sábios e ignorantes, doentes e sãos, devotos e ateus. Ah! os ateus... são como barris de pólvora que, quando conseguem ser tocados por uma fagulha dessa energia, explodem em devoção.

– Moira, eu estranho a forma tão natural com que você expõe assuntos que, para mim, durante muitos anos,

---
15 Hamana Maharsh. In: BRUNTON,P. *O Arunashala*. SP:Pensamento, s/d
16 Ptahhotep. In: HAICH E. *Iniciação*. SP:Pensamento,1988.

foram quase proibidos. Religião sempre significou para mim uma dogmática e sólida tradição, praticamente intocável, incontestável, digamos... um tabu.

    Ela, após ter-se levantado, andou alguns instantes pelo corredor e instalou-se novamente em sua poltrona, trocando quase em seguida algumas palavras – que não consegui entender – com o Swami, que novamente acomodou-se à minha frente. Este, voltando-se calmamente para mim, falou:

    – Durante muito tempo, aqui no Ocidente, a religião era imposta a ferro e fogo literalmente. Algumas difundiram-se mais do que outras. Ao cravarem sua bandeira em determinado país, ficava estipulado que, naquele local, nenhuma outra poderia instalar-se e algumas delas, ainda hoje, tentam usar esse mesmo processo. Dessa forma, países foram rotulados com essa ou aquela religião e por esse motivo olhavam seus vizinhos com inimizade.

    As religiões, como sabemos, eram inquestionáveis. Com o passar do tempo, essas idéias e conceitos religiosos começaram a formatar os conceitos morais e sociais, que se solidificaram.

    No entanto, prosseguiu, com a chamada globalização iniciada na metade do século passado e, conseqüentemente, o incremento dos meios de comunicação, foram importados e exportados conceitos relativos aos costumes, filosofias e religião, conceitos esses, por princípio, diferentes, às vezes antagônicos. Com isso, Tron, começaram a acontecer mudanças, interações e dissociações, algumas benéficas, outras péssimas. Paralelamente, o conceito família deixou de ser sólido, como era entendido até então. Se isso é bom ou ruim não vem ao caso, porque tudo pode ser visto de várias maneiras. Essa miscigenação de conceitos morais, culturais e religiosos, de raças, de idéias, filosóficos e de costumes atingiu em cheio as religiões do mundo detentoras de grande massa de adeptos, principalmente nos países em desenvolvimento, permitindo a abertura de um grande leque de ofertas, fazendo com que cada um procurasse aquela mais adequada ao seu nível espiritual e de consciência, bem como as conveniências do momento.

– Pode-se dizer, então, que as religiões democratizaram-se?[17]

– Eu diria que elas descondicionalizaram-se, permitindo que cada um tivesse mais liberdade de escolha. Com isso, religiões tradicionais foram minadas em suas bases, necessitando de urgentes reposicionamentos estratégicos, ajustando alguns conceitos para evitar que adeptos começassem a migrar para outras seitas. Tinham agora, diante de si, um leque de opções regidas pela afinidade de cada um com aquilo que cada religião pudesse oferecer. O nível individual de consciência e o nível de consciência e conveniência foram dois fatores decisivos nas novas escolhas.

– Babuji, continuou o Swami, o que Moira disse era de fato importantíssimo: a religião, responsável pela religação, não deveria se misturar com o irreal. *O irreal nunca é. O real nunca deixa de ser. Tudo o que eternamente foi mesmo agora é e sempre será.*[18] E além disso: *"como o finito poderia compreender o infinito, como o temporal poderia compreender a eternidade, como o mortal compreenderia o Ser Eterno?"*[19]

---

17 *Democracia* = *governo do povo*. O povo elege seus governantes, delegando a eles todo o poder. Cabe aos governantes a elaboração de leis e o controle para o seu cumprimento. Hoje, a idéia distorcida de *democracia* a confunde, em alguns pontos, com *anarquia*, ou seja, sem governo, cada indivíduo criando suas próprias leis.
18 Bhagavad Gita. Trad. RHODEN, Ubert. SP:Pensamento.
19 Ptahhotep. In HAICH E. *Iniciação*. SP:Pensamento,1988.

O Swami calou-se, recostando-se, novamente, em sua poltrona. Pela primeira vez na vida, senti que deveria inclinar-me reverentemente perante uma idéia místico-religiosa.

— *Um homem que não se inclina perante coisa alguma não pode jamais suportar a carga de si mesmo*[20], disse Moira. Algum dia, uma conjuntura de circunstâncias imperativamente nos leva, sem exceção, a esse entendimento. Pelo que temos conversado e pela viagem que temos pela frente, estou quase certa de que esse sentimento irá se transformar em certeza.

---

20 DOSTOIEVSKY, F. *Os possessos.*

CAPÍTULO XVII

O Rapaz do
Snow Board Vermelho

    Levantei-me da poltrona para literalmente esticar as pernas, procurando sem muito empenho um local, uma copa talvez, onde eu pudesse tomar água. Não estava com muita sede, mas senti que um copo com água seria um ponto e vírgula naquilo que estava sendo tratado. Indo à frente do vagão até o anteparo que divide as poltronas da parte de serviço, notei sobre a divisória um espelho, aliás era um vidro fumê espelhado e, ao olhar pelo reflexo, reparei no rapaz que se sentou na primeira cadeira, aquele que, assim como eu, também trazia consigo um desajeitado esqui, ou melhor, era um snow board vermelho sem a capa de proteção. Fui interpelado por ele:

    – Que viagem, heim?

    – Sem dúvida inusitada, respondi, já simpatizando com ele. Como foi sua temporada? perguntei-lhe.

    – Conclusiva, respondeu-me sem pensar.

    – Hum... Você há de convir que a resposta foi, no mínimo, enigmática.

– Enigmática? disse o rapaz, abrindo um sincero sorriso. Eu diria que foi realmente conclusiva, pois senti que um ciclo foi concluído e até agora estou envolto numa indescritível atmosfera... intransferível...

– Eu preciso de uma história, disse eu, querendo puxar conversa com aquele rapaz de cabelos curtos, largos maxilares e uma postura razoavelmente militar, conclusão trazida talvez pela roupa que usava, verde-escuro, já surrada e desbotada.

– Bem, disse ele em seguida, vamos lá! Fui para Vancouver, que você talvez conheça, entre o mar e a Cadeia da Costa[21]. De lá, decidiria qual a melhor estação de esqui para o momento. Optei por Whistler, uma cidade que dista pouco mais de cem quilômetros, ao norte de Vancouver.

– Qual é mesmo seu nome? perguntei-lhe antes de continuar a conversa.

– Nort.

– E por que essa cidade, Nort?

– Porque era razoavelmente perto de onde eu estava, além de oferecer uma série de facilidades, pela grande variedade de pacotes turísticos oferecidos. O que eu queria mesmo era praticar o *heli-sking,* que é o acesso ao pico feito por helicóptero, desvendando picos inacessíveis, e descer por encostas trilhando caminhos criados por mim, sem bandeirolas de demarcação. Além do mais, fiquei animadíssimo com a idéia de instalar-me naqueles espetacu-

---

21 Coast Range: cordilheira de montanhas junto à costa oeste do Canadá, ao lado das Montanhas Rochosas.

lares *lodges*, com toda a infra-estrutura e bem organizados para isso. Rapidamente, organizamos uma turma.

O rapaz continuou a narrar sua aventura, percebendo que meu interesse em escutá-lo era verdadeiro:

– Acontece que, ao chegar a Whistler, tivemos a notícia de uma forte nevasca com ventos violentos e, você sabe, quanto à nevasca tudo bem, mas ventos muito fortes impossibilitam o helicóptero de levantar vôo.

– E o que você fez?

– Ora, fui obrigado a dedicar-me por todo o dia a atividades menos radicais, como conversar com os outros esquiadores que se encontravam na mesma situação que eu, ler, assistir à televisão, tomar bebidas quentes e coisas assim. À noite, após o jantar, retirei-me para o quarto e, antes de deitar-me, sentei-me a uma pequena mesa para ler o jornal daquele dia. Um artigo não muito grande e aparentemente sem importância chamou-me a atenção. A reportagem contava, prosseguiu Nort, que técnicos meteorologistas e biólogos detectaram que, em um dos lagos que ficam na parte mais alta das Montanhas Rochosas, trutas haviam sido contaminadas com pesticidas industriais e isótopos radioativos, produtos de uma determinada indústria que se situava milhares de quilômetros dali. A contaminação havia acontecido via atmosfera, dizia o texto, por intermédio dos ventos que carregavam os produtos e que se haviam, posteriormente, precipitado junto com as tempestades de neve. A neve derretida corria para o lago, que contaminara certos moluscos que alimentavam os peixes menores, que alimentavam os maiores, que alimentavam outros tipos de animais, inclusive aves migratórias, transportando o veneno por outros milhares de quilômetros, contaminando caçadores... sabe-se lá de onde.

– Um efeito dominó!

– Pois é, e não parou por aí. Como você sabe, a análise feita por técnicos consiste na retirada de colunas de neve do solo, para "ler" nessas colunas, devido às camadas de neve depositadas ano-a-ano, a época em que começa a contaminação, que, no caso, mais ou menos coincidia com o início da produção dos produtos químicos. Após ler isso, fechei o jornal e fui dormir. No dia seguinte, informaram-me de que havia nevado por toda a noite e, apesar da manhã esplendorosa, a meteorologia previa que os ventos continuariam por todo o dia.

Meus amigos, continuou, em função das más previsões, saíram cedo e foram passar o dia em Vancouver e, não sei por que, esse passeio não me atraiu. Um pouco mais tarde, ainda na parte da manhã, o vento diminuiu de intensidade tão substancialmente que pensei em reformular minha decisão. Terminando meu desjejum, conversei com o piloto do helicóptero e ele concordou que não havia mais perigo, tanto que se dispôs a levar-me ao pico. Peguei então meu equipamento e subimos, eu e o piloto, para um pico que, naquela região, não era dos mais altos, mas tinha um tipo de declive que muito me agradava. Lá chegando, antes de saltar do helicóptero, pude observar a neve convidativamente macia, recém-caída, a glória de todos os esquiadores! Saltei, sentei-me ao chão e, antes de preparar-me para a descida, invadiu-me uma sensação que nunca tinha se manifestado em mim.

    Estava só, naquele fim-de-mundo. O silêncio profundo daquele local abusivamente também invadiu minha mente. Fiquei impregnado dele durante um tempo que, até hoje, não saberia descrever. As idéias foram voltando aos poucos, porém em blocos, não uma de cada vez, mas na forma de um esquema, que é a melhor forma que encontro para descrever o que se passou.

– Idéias... em blocos? Esquematizadas?

– Sim... é... um tipo de visão que nos mostra todo o conjunto pronto. Sei que não está claro, mas não consigo explicar melhor do que isso. Ao lembrar-me do que havia lido no jornal no dia anterior sobre os peixes e aves contaminados, senti-me como um gladiador romano obrigado a lutar acorrentado a outros gladiadores. Conseqüentemente, nós, humanidade, estamos presos uns aos outros pelas circunstâncias, passageiros deste planeta vivo, constituídos fisicamente com os mesmos elementos dele. Logo, somos a terra com outra configuração, girando tanto quanto ela em torno do sol, que faz parte de um sistema que faz parte de um universo.

Olhei para minhas mãos com a palma aberta voltada para mim. Olhei para meus dedos, um diferente do outro, desempenhando funções diferentes, todos fazendo parte da mesma mão. Quando necessário para o bem comum, eles se juntam, se contraem, se unem para conferir à unidade *dedos-mão* uma força muito maior do que a soma que cada um teria individualmente. Permaneci assim alguns instantes, olhando minha mão, absorto em minhas idéias. Somos um... senti essa sensação invadir-me. Somos um, pensei o mais concentradamente possível. Levantei-me bruscamente e dei um giro completo com o olhar por toda a extensão do horizonte. Senti-me onipresente e, num ímpeto, gritei alto: SOMOS UM!

... E assim pensando, conscientizei-me disso. Fiz uma ligeira checagem, verificando todo o equipamento, e iniciei então a descida. Porém, um detalhe curioso, não sentia estar vestindo a roupa impermeável. O que senti era que vestia o meu corpo, a roupa não passava de um simples detalhe.

Desci fazendo todas as manobras que queria, porém as emoções que desejava sentir naquele instante não eram tão importantes assim. Se no mundo me sentia em casa, estava em segurança. E se estava em segurança, não tinha medos nem expectativas, ingredientes da emoção. Quase sem perceber, já havia chegado ao sopé da montanha, num lugarejo não previsto em meu mapa. Cogitei ter-me distraído durante o percurso. Acionei então o botão do rádio para que o helicóptero me resgatasse, mas logo verifiquei que não havia sinal. Há pouca distância, havia uma estação de trem e foi para lá que me encaminhei, não sem antes observar a magnitude da paisagem. Naquela minúscula estação, havia um senhor de meia idade sentado em um dos bancos externos e aproximei-me para perguntar-lhe sobre a localização de algum telefone, para que eu pudesse chamar o resgate. Respondeu-me que por ali não havia telefone, mas que eu poderia me utilizar do trem, que me transportaria confortavelmente para onde eu deveria ir. Reparei melhor a estação e a composição, notando que não pertenciam à *V. I. A. Rail*, que atende aquela localidade. Os vagões eram todos brancos e não os tradicionais vagões escuros com uma larga faixa branca unindo as janelas. Aquele senhor, levantando-se do banco em que se encontrava, apontou para o trem, dizendo-me:

– Ele já está de partida. Apresse-se, rapaz, se quiser chegar logo à Montanha Vermelha.

Encaminhei-me para o trem e, nesse ínterim, virei-me para o senhor, dizendo:

– Não é lá que estou hospedado!

– O destino, rapaz, você escolhe. O importante é entrar no trem.

136

Terminei de ouvir seu relato em silêncio. Virando-me para ele, disse:

– Precisamos muito conversar. Por ora, obrigado.

Voltei para meu assento, despedindo-me com um provisório aceno de mão e já pegando o jeito de como funciona essa tal de sincronicidade.

CAPÍTULO XVIII

Orações e Invocações

Aquilo que me foi relatado por Nort somou-se ao elenco de assuntos que vinham me tocando, ou melhor, bombardeando e, tenho certeza, servindo de elo entre as experiências que tenho vivido ultimamente.

Nosso vagão continuava imerso num clima de tranqüilidade. Olhei para fora e notei que não havia estação por perto. Olhei para o outro lado e também para frente e para trás. Os poucos passageiros continuavam serenos. Moira estava recostada em sua poltrona com o rosto voltado em minha direção, transmitindo-me uma idéia de indiferença ao olhar aleatoriamente em torno de meu rosto e sempre através de mim. Já estava familiarizado com esse tipo de atitude, que se assemelhava à de um praticante de artes marciais postado à frente de seu contendor, em posição de ataque e defesa, chamando-o acintosamente para o embate. Em outras palavras, eu deveria ter perguntado alguma coisa que ela considerara importante e minha aparente calma gerava essa provocação silenciosa.

Eu, na verdade, estava considerando o assunto religião, que sempre evitei, encerrado. Apesar de nunca ter me entusiasmado pelo tema, tive que admitir que começava a enxergá-lo de outra forma, sem dúvida influenciado pelo enfoque não dogmático que me foi apresentado, o diferente sentido de religião e religiosidade. Pairavam, contudo, dúvidas com relação à religação e perguntei a Moira de que forma alcançá-la na prática do dia-a-dia de um ser humano que ainda necessita de uma boa parte do seu tempo para viver e sobreviver. Respondeu-me:

– Várias formas podem conduzi-lo a um estado meditativo ou intuitivo, que nada tem a ver com religião da forma como é entendida pela maioria. Quem vive alguma atividade que exige um alto grau de concentração – e isso pode ser no esporte, no trabalho, em muitas situações –, que tem de afastar da mente todos os pensamentos que possam desconcentrá-lo a ponto de colocar uma situação em risco, e quando as decisões não podem ser tomadas pela razão e sim pela intuição e reflexo, podemos dizer que essa pessoa está nesse caminho. No caso de seu amigo, aquele com o *snow board*, ele só precisava de um empurrãozinho e uma simples leitura serviu de interruptor para que sua religiosidade, a religação, fosse desvelada. Sem saber, ele há muito tempo já praticava a meditação, não tendo noção de sua profundidade. A religação, como já concordamos a respeito, pode ser praticada de infinitas maneiras e com diversos nomes. Orações ou invocações são formas que podem influenciar e conduzir a outro tipo de concentração, ajudando a afastar pensamentos da mente, deixando-a vazia enquanto a oração é praticada. Outro benefício é o de induzir uma coligação com energias superiores, trabalho que é facilitado pela limpidez da mente.

– Para mim, Moira, a oração esteve sempre ligada a cultos em igrejas e, em algumas delas, sentia medo só de ouvi-la.

— Prefiro associar a oração[22] ao sentido de religação, insisto nisso, pois conduz, como já vimos, a uma idéia de aproximação da consciência à essência no sentido de entrega e vontade de crescer interiormente. Na verdade, não existe uma linha divisória entre esses dois sentidos. Aliás, eles são bem entrelaçáveis, se pensarmos que o pedido ou súplica é feito visando à reunião, à religação, ao encontro consigo mesmo. Pessoalmente, continuou, acredito ser a oração um estímulo, uma firme disposição através das quais a consciência alcança seu âmago, fazendo a religação com as forças superiores que acalentamos. Essas forças superiores, Tron, são intuitivas e estão acima do emocional e do mental e, conseqüentemente, acima da personalidade. É a forma de chegarmos um pouco mais perto da verdade. O veículo pode ser a palavra ou o pensamento, que devem fluir pela abstração de outros pensamentos, idéias ou emoções.

— Moira, de um jeito ou de outro, todos procuram a verdade e acreditam que a sua forma é a correta, não é mesmo?

— Falou muito bem! Todos procuram a verdade e não a Verdade. No primeiro caso, o máximo que pode ser encontrado são as de cunho pessoal, as quais, continuamente, estão em atrito com as verdades dos outros. A Verdade a que me refiro só pode existir na Unidade, semelhante ao vislumbre de seu amigo no oceano da energia supra-humana, e pela oração/meditação podemos chegar um pouquinho mais perto dela, mas nunca entendê-la, enquanto estivermos usando esse pesado traje físico-emocional-mental, veículos da personalidade. Na realidade, literalmente falando, a Verdade é a própria Unidade, da

---

22 "Oração" do latim *oratione*. Significa suplicar, rogar a alguma força superior por meio de palavras ou pensamentos.

qual, como já disse, só temos um vislumbre.

— Sempre ouvi, Moira, que oração são súplicas dirigidas a Deus, para que Ele nos ouça e nos ajude por meio do envio de graças.

— Você disse bem. Suplicar induz a que o suplicante esteja numa situação inferior, sempre pedindo uma bênção, algum bem ou qualquer outra coisa. Pode-se até pensar em Deus com uma forma humana e material.

Mas, se a oração for feita com devoção e intenção à figura imaginada por você, é claro que será muito válida, porque tanto a figura de Deus como a de algum outro Santo podem servir como ponto de concentração. Outra coisa: não fique pensando que Deus está ouvindo sua oração.

— Ué!? Então...

— Tron, a energia para qual você dirige a oração é a Energia Criadora de universos, de um grau vibratório incalculável. Sua postura frente a essa Energia-Deus, se você quer assim chamar, por intermédio de uma oração fervorosa, faz com que suas vibrações da consciência — então desligadas temporariamente dos corpos físico/emocional/ mental — se sutilizem. Esse aumento de vibração remete sua consciência para um pouco mais perto da grande Energia, participando das benesses disponíveis oferecidas em cada grau vibratório conquistado. Quanto mais fervorosa for a oração, maior será o grau vibratório atingido.

Deu para entender, Tron, que não é Deus quem vem até você, mas é você quem se aproxima da Energia?

— Sim, está claro! Oração então pode ser definida

como qualidade de concentração e intenção, não é isso?

– Encarando a oração de forma mais cética, podemos imaginar que, dentro de cada um de nós existe um potencial incomensurável ainda não explorado – haja vista que a ciência nos conta que nós, humanos, utilizamos cerca de dez por cento do nosso potencial mental, informação que é de conhecimento geral. A ciência nos conta também – e você, Tron, como cientista, deve saber bem disso – que a concentração pode ser um dos fatores imprescindíveis na busca de potenciais desconhecidos. Como dizem alguns filósofos: "Somos aquilo que pensamos". É de se supor que, pensando ou falando algo evolutivo num profundo estado de concentração, podemos atingir um objetivo incomum, disponível a todos. Segundo Einstein, esses objetivos podem ser alcançados "quando navegamos por regiões intuitivas, acima do mental". Então, como você mesmo falou, a concentração e a intenção definem essa espécie de oração.

– Você também falou sobre invocação, seria a mesma coisa que oração, Moira?

– A invocação[23] pode significar chamar ou invocar e é feita de forma consciente, já ciente de que dentro de você existe um potencial infinito, o mesmo disponível no universo. Na oração, você geralmente suplica e, na invocação, você reivindica e entra em contato com essas forças superiores que estão em você. Na invocação, Tron, você parte do princípio de que a Energia Universal é perfeita, portanto é essa perfeição que você reivindica. Ela se caracteriza por frases curtas, de significado específico e objetivo, possibilitando sua repetição constante.

Depois de certo tempo, prosseguiu Moira, as in-

---
23 "Invocação" do latim *invocare*: chamar para dentro, implorar, ou simplesmente chamar.

vocações repetidas algumas ou muitas vezes fazem com que nossa mente ou pensamento fique delas impregnado e, como acabamos de dizer, dentro do princípio de sermos o que pensamos, estaremos predispostos a uma facilitação em conseguir aquilo que foi invocado. Existem infinitas maneiras de se formular uma invocação: [24]

EU SOU invencivelmente protegido contra qualquer mal;
EU SOU a saúde perfeita, agora manifestada em toda célula de meu corpo;
EU SOU o fogo que queima em meus corpos tudo o que é negativo.

... Como outras tantas. Todavia, é preciso cautela, porque, inconscientemente, num momento de perigo, medo ou desespero, podemos fazer algum tipo de invocação como âncora de salvação ou como pretenso sentimento compensatório, podendo, algum dia, nos arrependermos de tê-lo feito.

– E qual é o problema de ser feita inconscientemente?

– É que, às vezes, Tron, pode ter conseqüências negativas. Quer um exemplo? Imagine uma mãe que, ao ver seu filho passar por alguma desgraça, pensa: "eu preferiria que tivesse acontecido comigo, pois não suporto ver meu filho sofrer". Passam-se os anos e, independentemente de como tenha sido resolvida a situação, essa mãe passa por um dissabor parecido, mas ela não se lembra mais do pensamento/súplica/invocação que fez um dia, num momento de extremo desespero e tristeza. Pela sinceridade, intensidade, profundidade e força colocadas naquela in-

---
24 Algumas dessas invocações são atribuídas ao Conde de Saint Germain.

vocação, sua ordem foi acolhida no seu âmago, para que ela fosse atendida um dia. E o foi. O mesmo acontece às pessoas que apreciam falar sobre doenças, desgraças.

– Ah, agora você me confundiu e muito, pois se Deus ou a Grande Energia, como você diz, é bom e misericordioso como todos sabem, como poderia atender a um pedido que pudesse prejudicar a própria pessoa?

– Tron, o que é bom ou ruim para você é só você quem sabe, ou melhor, cada um de nós sabe ou pensa que sabe o que é melhor para si. Pergunte a um homem-bomba o que ele acha da vida. Entenda que não é Deus quem faz isso ou aquilo. Ele não interfere em sua opção. É você e somente você que, com sua força, energia e vontade, entra em sintonia com a camada da Energia universal. Ela, às vezes, faz coisas que você pode considerar milagrosas, basta acessá-la.

– Sim, Moira, nós, humanos, estamos acostumados às muletas mentais que nos amarram, não nos permitindo dar conta de nosso potencial.

– E, de mais a mais, é só você o responsável por isso. Convença-se disso, de uma vez por todas. Você é aquilo que realmente quer ser e... essa história de Deus só gostar do bem... isso é pensamento humano, tridimensional e dual! Essa Energia não tende nem para o bem nem para o mal. Ela é, sim, uma infinita geradora de circunstâncias quando solicitada.

Após essa última frase, Moira fez uma grande pausa, olhando-me nos olhos, percebendo que eu havia compreendido.

• • •

De repente, quebra o silêncio e conclui: Você nunca ouviu dizer que Deus está acima do bem e do mal?

CAPÍTULO XIX

As Tartarugas

Imerso em meus devaneios sobre a complexidade do jogo da vida com seus vieses, alternativas e relações complexas, tentava divisar alguma paisagem pela janela do trem; a bruma, porém, como um véu, insistia em obstruí-la. Apesar de já estar há muito tempo naquela estranhíssima viagem, lembrei-me de que ainda não me alimentara, mas nem por isso estava com fome. Mais uma vez, maquinalmente olhei para o relógio, que continuava parado. "Deve ser a bateria", pensei, "ou quem sabe o tenha avariado durante minha performance no esqui?" Nesse hiato entre as conversas, comecei a sentir minhas pálpebras pesadas. Contudo, achei deselegante cochilar defronte de meus companheiros de viagem. Nesse estado de relaxamento, ouvi a voz de Moira ao longe:

– Será que são mesmo devaneios, Tron? Será que não é uma espécie de despertar da percepção, porque você começa a entender algo sobre religação?

Nada respondi. A titânica luta entre mim e minhas pálpebras foi por essas vencida. Neste mesmo instante, as idéias começaram a se misturar numa espécie de turbilhão de vozes, cores e notas musicais, que, aos poucos, iam-se harmonizando nas mesmas ondas de vibração. Sei que hoje tento racionalizar como isso foi possível, porém essa é a melhor forma que encontro para descrever o que senti.

Uma vez harmonizadas as idéias, instalou-se em mim uma profunda calma, que se eternizou durante alguns momentos.

À medida que ia abrindo os olhos, começava a perceber um cenário inusitado: estava deitado de costas na areia de uma praia. Era noite e sobre mim a escura abóbada contrastava com brilhantes estrelas, conjunto que seria um prato cheio se eu fosse poeta. A visão daquele pedacinho de universo oprimia-me, assim como o mais reles súdito diante de seu rei. Sentindo-me pequeno, ínfimo, ignorante sob aquele grandioso e majestoso espetáculo, ousei fazer algumas observações talvez inconvenientes naquele momento. Assim, notei que a areia era macia, aconchegante e cálida, contrastando com a fresca brisa marulheira que soprava vinda do mar e, nela, sentia eflúvios agradáveis e reconfortantes. Comecei a observar em detalhes a disposição das estrelas naquela abóbada celeste, para tentar localizar-me. Apesar de ter uma boa noção de astronomia, não consegui divisar nenhuma constelação conhecida. Porém senti que, se tentasse relacionar essa visão com algo conhecido, já estaria colocando a razão e o raciocínio para funcionar e não era isso que queria. Parecia que as estrelas haviam combinado entre si de se mostrarem a mim totalmente desarrumadas.

Fechei os olhos, procurei relaxar e nada pensar que pudesse ocupar minha mente. Comecei, então, a abrir os olhos bem devagar. A primeira sensação, ao observar novamente o céu, foi aquela que, acredito, todos já sentiram quando estrelas dão a impressão de nos puxarem

– algo parecido com "cair para cima" no vácuo. Estava tão relaxado e tão aberto a aceitar as decisões internas que este fato não passou de mera constatação. Continuando minha observação vagabunda, meu olhar acabou se fixando numa determinada estrela – uma das mais brilhantes e atraentes. Passados alguns instantes, sem volver os olhos daquela estrela, ela já não me parecia tão brilhante mesmo focada e as que estavam mais próximas também tinham seu brilho esmaecido.

Contudo, com minha visão periférica observava que aquelas que estavam fora da região eram mais brilhantes e aquela para a qual dirigia meu olhar parecia um furo escuro no céu estrelado. Não sei se poderia chamar isso de ponto cego, como descreve a óptica, e, apesar de esse tipo de ilusão não ser desconhecido por ninguém, seria uma mera observação trivial não fosse o enorme impulso de compreensão que, como um *flash* seguido de uma brisa fresca soprando em meu cérebro, mostrava-me algo cuja idéia inicial, sem dúvida, a escrita não faz as honras.

O foco daquela estrela mais brilhante apresentou-se a mim como o foco de um objetivo da vida. Geralmente, fixamos para nós os objetivos mais brilhantes, mas, com o passar do tempo, o que era tão brilhante começa a ficar obscuro, a perder o brilho ou, no mínimo, passa a ser desinteressante. O buscador, aquele que é impregnado pela fé, é empurrado pela vontade e continua em frente, apesar de circunstâncias mais brilhantes espocarem perifericamente, tentando desviar-lhe a atenção para tirá-lo do caminho escolhido. Isso, percebi, é um aspecto muito importante no jogo da vida, tanto para os pequenos projetos quanto para os grandes, mas, principalmente, para a Grande Meta que existe em cada um.

Comecei a perceber agora que os fatores que influenciam negativamente todos os tipos de projetos, sejam físicos ou metafísicos, formam uma seqüência composta pelo entusiasmo inicial, depois pelas considerações, em seguida as alternativas, e, para fechar com total desânimo, os comentários de outros jogadores tentando fazer com que o seu projeto não vá para frente. O desânimo e o abandono do projeto são as conseqüências decorrentes e a culpa será quase sempre atribuída ao... azar.

Pude intuir também que cada projeto cabe exatamente dentro do nível de consciência de cada um e que a recíproca é verdadeira. O discernimento juntamente com a qualidade e a profundidade da vontade dirão se o entusiasmo será levado adiante ou se ficará enredado naqueles fatores seqüenciais já citados, ou mesmo fracassará. Agora eu percebo que a qualidade da vontade define a qualidade do indivíduo.

• • •

Ainda deitado na mesma posição, olhando para o alto, mantinha minha atenção fixa na mesma estrela, percebendo ao redor a movimentação de uma multidão de estrelas cadentes. Imaginei até a possibilidade de alguma cair sobre mim. Após alguns instantes, veio-me uma frase ao pensamento:

O aleatório não exclui a inevitabilidade.

• • •

Não sei há quanto tempo estava lá e, apesar de estar bem perto da água, a maré não havia subido nem descido. Talvez fosse algum ponto anfidrômico do planeta até então desconhecido para mim.

Levantei-me lentamente, junto com o sol, que, apesar de sua majestade, parecia imitar-me. Olhando ao redor daquela belíssima praia-cenário, reparei que a distância da água até a mata era relativamente grande e resolvi ir até lá para situar-me, não sem antes ter varrido a superfície do oceano com um rápido olhar. Tirei as sandálias que calçava e pude sentir toda a delicadeza da areia sob meus pés. Após alguns passos, notei, à direita, um recôncavo na areia com mais ou menos dois metros de diâmetro. Nele repousavam centenas de ovos de tartarugas, que, como todos os outros, são abandonados pelos pais. Naquele exato momento, os ovos, pouco a pouco, foram se abrindo. Uma, duas, vinte, cinqüenta, mais de cem tartaruguinhas saindo dos ovos encaminhavam-se para o mar. Esse ritual, pelo que nos conta a ciência, acontece há mais de duzentos milhões de anos sem se alterar, sendo a tartaruga o réptil mais antigo de que se tem conhecimento, tendo convivido com os crocodilos, algumas espécies de lagartos e com os dinossauros.

Conjeturava por que, se elas conseguiram resistir aos incêndios globais provocados pela fúria vulcânica, eras glaciais etc., só agora estão em perigo de extinção? A resposta não demorou muito a fluir em meu cérebro. Pior que todas essas situações e catástrofes, o próprio homem com sua ganância e sede de poder depreda tudo que está à sua frente, causando, na atualidade, o maior desbalanceamento ecológico que já ocorreu.

O homem é o predador da natureza. O homem é o predador dos animais. O homem é o predador do homem.

"O homem é o lobo do homem"[25]

---
25 HOBBES, Thomas. *Leviatã ou a matéria ,forma e poder de um estado eclesiástico e civil.* Trad. Rosina D'Angina. São Paulo:Ícone, 2003.

Devido a uma série de circunstâncias, estão acabando com o habitat natural de grande quantidade de pequenos animais que servia de alimento aos urubus, alcatrazes, gaivotas, gaviões etc., naturais predadores de tartarugas, as atenções hoje voltadas somente para essas. Ainda não havia terminado esses pensamentos quando as aves de rapina começaram a atacar os filhotes. Poucos conseguiam chegar ao oceano e os que lá chegavam eram geralmente os mais fortes, os mais rápidos, e principalmente os que faziam o trajeto mais direto, não se importando com as irregularidades encontradas no caminho. Os filhotes que se desviavam dos montículos e pequenos obstáculos, apesar de saberem instintivamente qual a direção correta, eram rapidamente caçados pelas aves ávidas de seu alimento.

Depois de alguns momentos de reflexão sobre o que observava, imaginei que, se em duzentos milhões de anos não conseguiram mudar sua estratégia pela incorporação de novos dados aos seus instintos, visando à auto-preservação – que é o primeiro instinto de toda criatura viva –, isso significa que é pouco provável que venham a mudá-lo a curto prazo, mesmo que isso custe sua extinção.

Sentei-me sobre um grosso tronco caído, provável testemunha ocular daquilo que vem acontecendo há eras. Desse lugar, admirava aquela belíssima paisagem maquiada de verde em todas as suas tonalidades, de azul profundo e de branco, beleza que só era quebrada pelo banquete das aves de rapina – o que, apesar de fazer parte de um processo natural, não me agradou. Fechei momentânea e lentamente os olhos e, ao abri-los, encontrei-me frente a Moira e ao Swami na mesma posição em que estavam quando adormeci.

– E então? Moira rapidamente perguntou-me.

– Desculpe-me, respondi, e então o quê?

– Tron, acabei de fazer-lhe uma pergunta sobre percepção e religação! É claro, você responde se quiser.

Ao arrumar rapidamente minhas idéias, lembrei-me de que, antes de cochilar, ela realmente me havia perguntado algo assim, referindo-se aos meus supostos devaneios sobre o jogo da vida e sobre o que estava ocorrendo até agora.

– Sim, Moira, é claro que me lembro dessa pergunta, mas isso foi antes do meu cochilo.

– Cochilos não são divisores de água. Se alguma coisa ocorreu antes ou depois dele não faz a menor diferença. O que aconteceu foi apenas uma percepção prática, um estalar de dedos para acordar, fugindo um pouco da teoria, e acredito que você tenha entendido o conteúdo do que está chamando de sonho. Alguns até chamam de alucinação.

– Alucinação? perguntei com certo espanto.

– Sim *a alucinação é a mistura dos fenômenos do sono com a vigília*[26].

– Entendi, Moira. Só disse aquilo, porque me pareceu um tanto longo esse período que "dormi".

– O tempo, até o início do século passado, era um inflexível e um tremendo bicho-papão. Einstein des-

---
26 Eliphas Levi

cobriu seus pontos fracos. Desligue-se dele, Tron, para que não precise racionalizar. De qualquer forma, vamos pensar juntos.

Antes de ela continuar, percebi em suas observações uma objetividade dura e ríspida, como se o que estava acontecendo comigo acontecesse amiúde. Preferi entender como sendo a pressa o motivo desse comportamento.

– Na primeira parte, ela continuou, você observou as estrelas, concentrando-se em uma delas, e percebeu que outras lhe chamavam a atenção, para que seu olhar fosse desviado. Na segunda parte, as tartaruguinhas encaminhavam-se, instintivamente, para o mar, quando predadores impediram que muitas atingissem seus objetivos.

Dessa vez, após esse comentário, senti-a mais doce.

– Essas duas metáforas, Tron, talvez o elucidem um pouco sobre o jogo da vida.

– Como assim?

Queria que ela explicasse aquilo que só percebia em parte. Precisava ouvir os detalhes, as interpretações embutidas naquelas imagens ainda nítidas em minha lembrança.

– Tron, quando nasce um ser humano, existe uma "programação" preparada na Unidade que, de certa forma, é compreendida pelo instinto. Lembra-se de nossos comentários sobre as crianças que por aqui passaram? Após os três primeiros anos, começamos a perceber e a criar circunstâncias e a noção primeira que tínhamos sobre a direção a seguir começa a ficar nebulosa. Assim, os fios que o prendiam à Unidade vão sendo cortados e outros vão aparecendo em função das novas circunstâncias. Esses fios novos tanto podem servir de auxiliares como de predadores. Contudo, todo indivíduo vem equipado com um "decodificador/gerador de circunstâncias" preparado para perceber os fatos e as instruções contidas nele. Esse decodificador às vezes também pode ser chamado de consciência e será tão mais apurado quanto maior for o nível de consciência original do jogador. Como gerador, cria situações de evolução ou de involução do indivíduo. Apesar de muito se ter comentado sobre circunstâncias, é sempre bom lembrar apenas que sorte, riqueza, saúde dependem das formas como você negocia as circunstâncias e, acredite, você sempre será aquilo que em seu íntimo quer ser. Entretanto, o triste é que muitos não sabem exatamente o que querem. Os sentidos são os maiores influenciadores das circunstâncias negativas. Quando mal utilizados, são os "desviadores" do caminho, como no caso das tartarugas que se tornam presas fáceis dos predadores. Os sentidos trabalhando junto com a consciência podem gerar circunstâncias positivas.

– E dependem do que, Moira, para que funcionem dessa forma?

– Do discernimento que está embutido no nível de consciência do indivíduo.

– O jogo da vida, Moira, não seria complexo demais para ser reduzido a essa metáfora das tartarugas?

– A vida como um jogo já é uma metáfora, Tron. Além do mais, como tal, cada um a compreende de acordo com o...

– Seu nível de consciência, completei, achando que já estava ficando afiado no assunto.

Ao mesmo tempo em que Moira recostava-se, algumas idéias começaram a tomar forma em meu cérebro, tais como o trem, o esqui, sonhos e aqueles dois sentados à minha frente. Era muito difícil imaginar que pudessem ser circunstâncias criadas por mim. É quase inacreditável sentirmo-nos como criadores e não criaturas. Se for essa a forma como as coisas acontecem, todo cuidado é pouco, porque cada ato nosso é decisivo. Senti um misto de ansiedade, responsabilidade e atordoamento. Um sabor amargo veio-me à boca, acompanhado de uma sensação de vertigem. Respirei fundo. Não queria pensar mais nisso.

Após alguns instantes, já estava mais calmo e senti meu ombro sendo tocado levemente pelas mãos de alguém. Voltei-me em direção à pessoa, para verificar de quem e do que se tratava. Era o Picotador de Bilhetes do trem. Tinha cabelos loiros, uma longa barba também clara e, apesar da fisionomia severa – muito comum a marcadores de bilhetes –, seus olhos castanhos, redondos e severos denotavam muita energia. Mas envolvia-o muito discretamente, quase que imperceptivelmente, uma aura de bondade. Com voz grave, porém calma, dirigiu-se a mim e disse:

– Seu bilhete, por favor.

Apressei-me em pegar os dois bilhetes – meu e de Moira –, aqueles que foram retirados na estação há nem sabia mais quanto tempo!

Entreguei-os e vi que eram, cada um, examinados atentamente. Picotou somente um deles, devolvendome os dois. Olhei-os e percebi que eram nominais, sendo usadas cores diferentes para cada bilhete. Segurei um em cada mão e, por instantes, observei-os. O Picotador de Bilhetes ainda estava ao meu lado quando me perguntou em que estação eu iria desembarcar. Olhei imediatamente para Moira, pedindo-lhe auxílio. Contudo, ela em nada ajudou, não prestando atenção ao que ocorria.

– É a primeira vez que embarca neste trem? continuou o homem, terminando a segunda parte da pergunta que havia iniciado.

– Sim, respondi um pouco desconcertado. Eu nem saberia da existência dessa ferrovia não fosse a sugestão de minha amiga.

– Não tem importância, senhor. A propósito, em qual estação mesmo pretende saltar? insistiu.

Pensei um pouco e respondi da forma mais óbvia possível:

– Será na estação em que se situa o Hotel Internacional.

O Picotador, olhando-me profundamente nos olhos, disse:

– Apesar de muito perto, assim mesmo tenha uma boa viagem. Dá para perceber que o senhor prefere os caminhos curtos. Porém fique atento ao mais importante.

– E o que é mais importante? perguntei rapidamente.

Sem responder-me, essa curiosa figura acenou-me com a mão e desapareceu. Voltei minha atenção novamente aos meus dois companheiros.

CAPÍTULO XX

Um Cabo de Guerra entre Forças Diferentes

Após esse diferente episódio, voltei a devanear as mesmas idéias, agora misturadas à figura do Picotador de Bilhetes. Neste instante, soou no vagão o sinal sonoro que já ouvira antes, anunciando que o trem iria parar novamente. Chegamos a uma nova estação e senti o impulso de sair para esticar as pernas e respirar aquele revitalizante ar gelado. Não convidei Moira e tampouco o Swami, acreditando que eles prefeririam ficar onde estavam. Saí de minha poltrona, percorri o corredor com um passo relativamente lento e constante, que me levou à porta de acesso situada ao fundo do vagão. Na última cadeira antes da porta, estava a pessoa que calçava sandálias e vestia uma roupa surrada. Olhei-o de passagem e nada foi dito além de um cordial aceno com a cabeça. Desci os degraus que davam acesso à plataforma, parando alguns passos adiante, observando o ambiente.

Era uma pequena estação e na placa lia-se "GATE WAY". Não sei se essa placa referia-se ao nome da cidade ou se tratava de um aviso. Enquanto pensava, detinha-me em detalhes do local. Uma pequena cidade, se é que assim pode ser chamada, escondia-se atrás da estação. Virei-me em direção ao trem e reparei que não havia vagão algum atrelado àquele que ocupávamos, embora tivesse a certeza de que havia, sim, pelo menos mais um: "talvez tivesse sido desatrelado na última estação que paramos", pensei. Comecei a perceber minha mente pesada toda vez que racionalizava algo. No caso do vagão – se ele existia ou não –, entendi que não fazia a menor diferença. Desta vez, consegui enxergar *através*... Hurra!

Outro fato chamou-me a atenção: o inexistente movimento natural do entra-e-sai do trem e da estação. Caminhei de forma aparentemente "nonchalante", mas atento a qualquer sinal de partida. Sentei-me em um banco bem à frente da porta de entrada da estação, com muitas dúvidas acerca de tudo que vinha vendo, ouvindo e percebendo e, quanto mais via, ouvia e percebia, sentia-me sempre no início do caminho.

Com o canto dos olhos, percebi alguém se aproximando. Quando me virei, deparei com o, digamos, mendigo do trem. Ele olhou para os meus olhos e sorriu. Levantei-me e fiquei alguns instantes a fitar aquele expressivo olhar, porém havia algo que me incomodava. Não sabia exatamente o que era, mas me incomodava. Achei que talvez o conhecesse de algum lugar e perguntei isso a ele. Respondeu-me que achava que não, mas... que tudo era possível. Ao fitar-lhe por mais alguns instantes, um sabor de reminiscências de infância vieram-me à mente:

– Senhor, percebo agora que sua fisionomia assemelha-se muito à de um ator que protagonizou filmes épicos, como Ben-Hur, Os Dez Mandamentos e outros tantos, nos quais sempre representava o papel de um herói do bem ou algum tipo de deus.

– Por que me chama assim? perguntou-me.

– Desculpe-me, se fui indelicado. Não foi o que eu quis, pois, na verdade, não o chamei de nada. Fiz simplesmente uma alusão a um ator que, durante muitos anos, foi para mim um símbolo de herói.

– Não, não é isso! disse-me ele prontamente. Refiro-me à palavra "senhor". Não há mais motivos para chamar-me assim.

Achando estranho, nada encontrava para dizer e, um pouco sem graça e por não ter nada para falar naquele momento, resolvi insistir se ele não concordava que havia de fato alguma semelhança com o referido ator.

– A semelhança, às vezes, pode confundir as coisas. Mas lembre-se de que nada é o que parece.

Mais uma vez essa frase houvera sido proferida e fiquei sem saber se ele estava se referindo a si próprio ou àquele ator em seus heróicos papéis representados quando jovem, contrastantes com as atitudes anti-heróicas de sua vida atual. Com voz clara, falava num tom baixo de forma pausada, firme e abafada. Em sua forma de expressão não se percebiam tristeza nem alegria, mas ela transmitia tranqüilidade, harmonia e amor.

– Mais do que nunca, percebo que existe de sua parte grande empenho em buscar conhecimento. Lembro-o de que, em nenhum momento, deixe-se levar pelo desânimo. O verdadeiro conhecimento – continuou ele – é um desenvolvimento que vem de seu interior e não do exterior. Seu núcleo interior é infinito, mas não se esqueça de que os canais que ligam o exterior ao interior ainda precisam ser desobstruídos, principalmente pela compreensão. Por isso mesmo, o desenvolvimento, às vezes, pode ser um processo lento, para que os corpos tenham tempo de preparar-se.

– Como sabe o que eu busco? perguntei.

– Simplesmente porque tive a oportunidade de ouvir algumas conversas dentro do vagão. Como sabe, a poltrona em que me encontro fica a pouca distância do lugar que vocês três ocupam. Além do mais, essas poucas premissas místico-esotéricas que foram tratadas até então somente levaram algumas pitadas de entendimento acerca daquilo que é o verdadeiro jogo da vida.

Ele interrompeu o que estava falando, voltou seu olhar para o trem e demorou algum tempo nessa posição. Nesse ínterim, pude reparar melhor em seu vestuário. Sua túnica era feita com uma espécie de malha grossa de estopa costurada grosseiramente e, ao contrário do que eu imaginara a princípio, encontrava-se impecavelmente limpa. O aspecto poeirento devia-se à cor do tecido e, sem dúvida, ao seu tempo de uso. Arrependi-me de haver pensado que se tratava de um mendigo e, perante sua altivez, eu é que me sentia um pedinte. Quando se voltou novamente para mim, convidou-me a sentar, para conversarmos um pouco mais.

– Temos que prestar atenção, acrescentei, pois o trem poderá partir a qualquer instante.

– Ele sempre parte... Mas isso não vem ao caso agora.

– Que observação mais estranha! pensei. Em seguida, sem preâmbulos, acrescentou:

– É no jogo da vida que você tem de focar sua atenção se quiser compreendê-lo, dominá-lo, transcendê-lo. Ele nada mais é que um jogo de força entre a consciência e a personalidade ou, se preferir, entre o verdadeiro e aquilo que parece ser, ou melhor ainda, entre o real e o irreal.

– Certamente você está querendo me dizer que algumas personalidades são falsas, não é isso? Talvez alguns tipos de caráter ou aquelas que não são conscientes de seus atos?

– Desculpe-me, não temos tempo para devanear. O que é para você uma mentira?

– Uma não-verdade, uma coisa falsa, acho.

– E uma verdade?

– É a forma correta de exposição daquilo que realmente ocorreu ou ocorrerá.

– Você concorda que uma mentira é uma verdade dita de forma irreal, se comparada com a forma como deveria ser dita?

– Sim, concordo, respondi um pouco inseguro, sem saber até onde ele queria me conduzir.

– Podemos então dizer que o mundo das mentiras é irreal e o mundo das verdades é real?

– Pelo que conversamos e por princípio, sim.

O que eu quero lhe dizer é que a personalidade, por ser representada pelos corpos físico, emocional e mental, portanto passível de ser bombardeada por todos os lados pelas circunstâncias, apresenta condutas variadas de pessoa para pessoa, sendo que ela própria está sujeita à variação. É o irreal em ação. A propósito, quando você está em reunião, digamos, com seu chefe, diretores e presidente da Companhia em que você trabalha, você expressa sempre, exata, clara e verbalmente, o que você pensa acerca das pessoas que compõem aquela mesa? E sobre suas opiniões? E as de seu chefe? Ou opta por usar, digamos... opiniões educadas e políticas?

– Bem, acredito que deva haver consenso nas opiniões, repliquei.

– Não fuja! interpelou-me. Você expõe ou não seus pensamentos na forma exata em que eles emergem?

– Confesso que não.

– Por quê? perguntou-me. Por que pode ser mal visto? Por que pode perder seu emprego, por que pode comprometer alguém? Ou, ainda pior, por que poderá ter sua imagem arranhada?

– Eu entendo perfeitamente sua idéia, respondi. Consenso às vezes pode ser definido... digamos... quando cada um mente um pouco e fica todo mundo contente.

– Então, se você é aquilo que você pensa, mas age de forma diferente daquilo que você tem em mente, podemos concluir que esta faceta de sua personalidade é falsa ou mentirosa. Sim ou não?

– Sim, claro.

– Faça um exame de consciência e enumere as coisas que você fala em casa, no trabalho, na rua, nas reuniões sociais, nos negócios etc. e compare-as com aquilo que você pensava naquele mesmo momento. Você ficará abismado de ver o quanto falsa é a sua personalidade. Como podemos chamar esse mundo de real, se ele é calcado em irrealidades ou mentiras e, preste bem atenção: você é tido em seu meio como sendo uma pessoa altamente instruída, de firme caráter. Podemos até dizer que você faz parte da nata da humanidade. Por que a maior parte das pessoas, continuou, se arrepia quando ouve alguns ensinamentos místicos que afirmam que vivemos em um mundo irreal e que o mundo da realidade é outro? Eu mesmo posso responder: basta que cada um olhe para si próprio e veja que é um poço de incoerências e falsidades! Será que é real esse tipo de mundo? Evidentemente, há as exceções constituídas por aqueles que transcenderam a personalidade, ou seja, aqueles que perceberam o chamamento e o transcenderam com esses três corpos que nos compõem. São os verdadeiros Mestres, Instrutores, Sábios, ou outros, também chamados transgressores da personalidade. Só para encerrarmos o assunto, você conhece alguém que nunca tenha mentido, por mais ínfima que tenha sido essa mentira?

Pensei um pouco e, bastante vexado, respondi:

– Não.

Ainda deixando transparecer meu vexamento, perguntei:

– Isso pode significar que toda pessoa educada e refinada é falsa?

– A educação, em seu sentido amplo, é um conjunto de regras que facilitam a convivência entre as personalidades. Se é de berço e aplicada de forma natural e espontânea, pode ser verdadeira. Aqueles, porém, que cumprem essas leis e normas de forma forçada, não sabendo exatamente para que serve cada uma delas, estão se utilizando desse comportamento de forma falsa, apesar de indispensável para o convívio harmônico. Aliás, tudo aquilo que se é obrigado e forçado a fazer e não é absorvido com naturalidade pela pessoa é falso.

– Se quer saber, fico pasmo de ouvir tudo isso!

– Buscador – foi assim que ele se dirigiu a mim –, não sou eu quem lhe diz isso. A própria palavra personalidade[27] em sua raiz latina pode significar "falsidade". Entenda profundamente o significado da frase "Nada é o que parece", pois, no mundo manifestado em que vivemos e no qual transcorre o divertido jogo da vida, ela pode ser aplicada a quase todas as ocasiões.

– Dessa forma, a consciência que é verdadeira nesse embate contra a personalidade não deveria encontrar dificuldades, já que tudo é falso, disse-lhe, usando de uma expressão um pouco irônica.

– Jogador, um detalhe importantíssimo é que a consciência precisa desse inimigo. Ninguém é vencedor se não tiver quem e o que vencer. A consciência não atinge seu ápice negando ou ignorando a personalidade que está presente, pois, sem ela, não teria os degraus evolutivos a galgar. É necessário que a consciência entre no jogo da vida, entenda seu significado repleto de conflitos, contra-

---

[27] Personalidade, do latim persona – ae, significa "máscara". Segundo Cícero, é a espécie ou aparência falsa de alguma coisa. Per-sonare: por onde soa a fala de sua personalidade.

dições e oposições, para poder vencer. Para o momento, é essa a melhor definição para o jogo da vida. E, preste muita atenção no conceito de ilusório ou maia, pois seu dia-a-dia tem de ser vivido com tanta realidade quanto os fatos e coisas que se apresentam a você.

A consciência, além de ter de lutar no campo do inimigo – que são os corpos manifestados –, nós, os indivíduos portadores desses corpos, como humanidade, achamos que nada é falso, muito pelo contrário. Temos a certeza de que tudo é verdadeiro. Isto inevitavelmente cria uma barreira na compreensão das circunstâncias.

– Seria Davi contra Golias?

– Pintores renascentistas, continuou ele, colocavam no quadro o tamanho dos personagens proporcional à sua importância. O rei ou Imperador eram grandes; os lacaios eram pequenos e assim por diante. Você, Tron, tem um quadro à sua frente para pintar. O tamanho dos personagens quem escolhe é você. Porém, não percamos mais tempo, o trem poderá partir a qualquer momento.

Não tive outra alternativa a não ser parar de nadar e deixar-me levar pela correnteza... dele. Aquele homem que estava ao meu lado impôs-se definitivamente, não somente por sua postura, mas principalmente por sua atitude. Levou suas mãos à testa, em posição que lembrava a do *Pensador*, de Gaugin; em seguida, vi seus dedos como que acariciando suas frontes, parecendo concatenar idéias, e descer, segurando levemente o septo nasal de seu anguloso e proeminente nariz. Continuou:

– Antes de aparecer o Picotador de Bilhetes, você estava confuso pela enxurrada de fatos, coisas e informações afunilando-se em você. Mesmo não sabendo, você é e sempre foi um buscador fervoroso e, pelo que percebi, já obteve as informações necessárias para dar o passo que velada e inconscientemente deseja. Pelo fato de seu poderoso intelecto cobrar, cobrar e cobrar, o que está faltando talvez seja ordenar de outra forma este amontoado de coisas, transformando-o em conhecimento com plena aquiescência de sua mente.

– É, mas pelo que ouço falar, são necessários muitos anos ou muitas vidas para isso.

– Dependendo de sua vontade, ainda embarcaremos no trem a tempo.

Sem vacilar um instante, falou:

– Como você já sabe, a consciência manifestada – aquela que você viu projetada a partir do nada-tudo para habitar um indivíduo que acabava de ser concebido – é a nossa peregrina guerreira, que, despojada de armas, tem de vencer a luta somente pela força da vontade, do amor e do conhecimento. Pode-se dizer que a visão que você teve foi um exemplo, porque a luta pode demorar séculos. A palavra consciência[28] contém em si tudo aquilo que é necessário para entendê-la. Em outras palavras, estar consciente é agir por meio de conhecimentos verdadeiros e não por informações e impulsos; é agir de forma a ver e entender as coisas do mundo por sua óptica interna, decodificando e criando novas circunstâncias, é claro, por meio dos tributos que a geraram. O discernimento, por exemplo, pode ser um dos indicadores, além de outros

---

28 "Consciência": palavra formada por COM ou CO, do latim *CUM*, significando com, companhia, contigüidade, sociedade etc; e por CIÊNCIA, do latim *SCIENTIA*, que significa conhecimento e saber. Portanto, "consciência" significa: com conhecimento amplo, sabendo situá-lo em seu próprio nível; com noção; com saber etc. A palavra consciência está associada a inteirações e ligações internas com o mundo externo.

igualmente importantes, que identificam o grau evolutivo de um ser.

— Existe algum momento especial para o despertar da consciência?

— Não necessariamente um momento, ele respondeu, porém uma infinidade de momentos criados por infinidades de circunstâncias que podem facilitar seu desenvolvimento bem como retardá-lo. O desenvolvimento pode acontecer e vem acontecendo até ao mais atrasado homem das cavernas,[29] desde que as circunstâncias sejam criadas.

— Mas, então, uma criança que nasce numa família que tenha um bom desenvolvimento de consciência tem a mesma chance de trabalhar sua consciência que aquele que nasceu na caverna? perguntei.

— Além dos obstáculos maiores que estão implícitos nas condições desfavoráveis, os três primeiros anos daquele que nasce na caverna serão passados, provavelmente, junto aos seus pais, que são igualmente selvagens; e há ainda a carga genética e outros aspectos metafísicos importantíssimos que o tornam diferente daquele que nasceu em circunstâncias de maior evolução.

— A propósito, quais as ferramentas que a consciência utiliza para desenvolver-se ou, melhor dizendo, o que lhe serve de degrau para galgar níveis mais altos? Existe alguma forma prática?

---

29 Homens das cavernas não são necessariamente somente nossos antepassados. Refiro-me também aos que ainda hoje vivem em condições semelhantes àqueles em vários pontos de nosso planeta.

– Entendo... você então quer uma espécie de receita: prática, infalível e rápida, não é isso? Lembra-se do que lhe disse sobre cobrar, cobrar e cobrar? Para responder o que você me perguntou, posso dizer-lhe que, paradoxalmente, os salvadores são os mesmos carrascos que querem lhe cortar a cabeça.

– O QUÊ?

– É isso mesmo, repito: a consciência evolui utilizando os próprios atributos sensoriais dos corpos emocional e mental, que tanto a cerceiam. Ela não evolui caso negue, ignore ou rejeite a manifestação. Na piracema, os peixes precisam da corrente contra do rio tanto quanto a consciência precisa aceitar os aspectos da personalidade para poder superá-los. Se os peixes ignorassem a correnteza, ou melhor, se não houvesse correnteza, se não houvesse água, eles não poderiam subir o leito do rio para desovar. Como o tempo que temos é exatamente o necessário, vou lhe dar alguns exemplos rápidos:

A consciência evolui pela audição, quando começa a haver uma seleção dos sons e músicas mais harmoniosos; ela parte do prazer de ouvir uma percussão pura e simples, como um batuque em ritmo binário; o passo seguinte seria apreciar a música ainda em dois tempos, já com a inserção de mais instrumentos, com letras carregadas de duplos sentidos grosseiros; as músicas extremamente passionais vêm a seguir. A evolução continua, passando para músicas com maior esmero orquestral, letras poéticas e bem elaboradas. As valsas[30] constituem mais um avanço, pois já possuem um ritmo de três tempos e se distanciam ainda mais do primitivismo dos sons binários. Esse caminho é percorrido até chegar às músicas clássicas e erudi-

---

30 Segundo palavras de um Mestre, conhecido com Conde de Saint Germain, o ritmo ternário encontrado nas valsas pode induzir a uma elevação através das fronteiras mentais.

tas, que, transcendendo o racional e o mental, fazem com que a consciência navegue em mares intuitivos. A visão, na linguagem artística, passará da apreciação das cores fortes, primárias, esboços rudes, para novas combinações de cores mais suaves, mais sutis, as tonalidades em pastel, mais diluídas e aquareladas. Essa mesma sutileza será percebida nas afinidades de formas também mais delicadas, não havendo identificação com desenhos grosseiros.

No olfato, continuou ele, a consciência mais evoluída passará a sentir repulsa pelos odores promíscuos das tocas onde vive, e, após um longo período de maturação, que poderá levar vidas e mais vidas, apreciará e saberá sentir o cálido odor de uma minúscula flor silvestre. Há ainda o paladar, e aí veremos que deixará de comer a carne crua com as mãos, passando a tratá-la pelo fogo. Nesse período mais atrasado, a carne ainda é muito necessária. A partir do momento em que esse estágio primitivo começa a ser vencido, vegetais variados serão agregados à sua alimentação. Com o tempo, talvez, deixando de sentir prazer pelo sangue, passará a apreciar os finos temperos e especiarias só possível a paladares mais apurados, isentos da vibração animal. A evolução do paladar também se dá pelo controle da ingestão de bebidas alcoólicas e, evidentemente, banimento de drogas e fumos. Dirigindo-nos agora ao tato, à sensibilidade Física, a consciência que busca encontrará no asseio físico o reflexo de seu asseio interior e estará naturalmente afastada da promiscuidade sensual, canalizando positivamente suas energias.

Todos esses exemplos, passados de forma simples e sumária, foram profundamente entendidos por mim. Ele parecia conhecer as dúvidas que tinha acerca de tudo. Eu não somente estava escutando suas exposições, mas tentava relacioná-las à vida, às pessoas, a tudo que compunha meu mundo. E mais dúvidas surgiram, fazendo-me perguntar se a cultura de forma geral, a informação, a formação escolar e acadêmica eram imprescindíveis...

– Um momento! Isso diz respeito à parte mental/racional, que é exatamente o caminho que irei seguir agora. Pois bem, um indivíduo pode ter cultura, muitas informações, vários diplomas, porém tudo isso pode não ter se transformado em conhecimento. Lembra-se do que foi dito sobre consciência? Vou aproveitar essa sua pergunta para falar-lhe sobre o discernimento, que, via de regra, pode ser uma conseqüência do racional e, quase sempre, proporcional a ele. O discernimento existe não necessariamente só em pessoas com alta capacidade mental. É mais comum que exista em indivíduos que mantêm os corpos físico/emocional/mental equilibrados. Quer que lhe dê um exemplo simples e prático? O discernimento pode ser encontrado num pedreiro que levanta uma parede perfeita nos mínimos detalhes, não desperdiça material e aprecia o trabalho que fez. O lixeiro que, ao recolher o lixo, não joga o latão amassando-o, cuida para que o lixo não caia no chão e, quando isso acontece, recolhe-o. Tantos outros exemplos poderiam ser dados, todos mostrando um alto grau de conhecimento dentro das condições que lhes foram dadas. O que se pode ouvir sobre trabalhadores como esses são: "Puxa, como ele é consciente daquilo que faz!" E você sabe por quê? Porque ele já possui o germe evolutivo de forma não-latente, já desabrochou para o desenvolvimento de sua consciência, utilizando como ferramenta o discernimento.

O grande segredo é, prosseguiu, faça de todas as suas atitudes um exercício constante de seu aprimoramento. Nunca diga "acho que vou tentar". Jamais tente, sempre "faça". Nas palavras tentar e tentativa está implícita uma grande incerteza quanto ao sucesso do evento. Se você faz tendo a certeza de acertar, automaticamente estará aumentando as chances de dar certo. Não esmoreça se algo der errado. Erre mil vezes, mas faça... até acertar. Se der errado, contabilize na coluna de experiências.

– Você falou, pela segunda vez, sobre discernimento interno e eu pensei que discernimento fosse simplesmente discernimento.

– O discernimento interno é o verdadeiro, uma vez que equilibra e compara os dados do verdadeiro conhecimento, que é infinito enquanto uno. Por aí dá para perceber que é diferente do discernimento que equilibra os corpos emocional e mental...

Por um instante tive a impressão de perceber algum movimento de pessoas na parte interna da estação. Cheguei mesmo a levantar-me ligeiramente do banco para observar, quando fui interpelado:

– Peregrino, cuidado. O trem poderá partir a qualquer momento, caso entenda que nada mais tem a fazer nesta estação. Seria bom estar atento àquele hermético e antigo axioma alquímico-filosófico que diz: "Como em cima, tal é em baixo. Como embaixo, tal é em cima". Ou, se você preferir: "Como o interior, tal é o exterior e, como o exterior, tal é o interior".

Essa essência que habita os corpos, que pode ser chamada de Eu Verdadeiro ou Consciência, tem como contrapartida manifestada o eu externo ou personalidade. A consciência desempenha uma função trina e traz em si a verdadeira vontade, o verdadeiro amor e o verdadeiro conhecimento criativo-intuitivo. A vontade tem como contrapartida o desejo, que sempre é confundido com a vontade interna; o amor verdadeiro, que é incondicional, é entendido externamente como atração ou amor fugaz, que impõe condições e tem o desejo como seu principal aliado; o conhecimento criativo que é próprio do nível intuitivo é representado externamente pela mente da personalidade, que é limitada pelas muralhas do racional. O externo, como você percebeu, é um pálido arremedo ilusório do interno.

– E a intuição em si, como fica? Você não falou exatamente sobre ela.

– Ela tem de ser buscada na fonte. Sobre tudo o que foi dito não pode haver confusão de sua parte, disse ele, como se eu tivesse quebrado a seqüência de suas idéias. Embora existam outras formas de expressão, isso é o que menos importa. E, por ora, basta.

Ouvimos o sinal do trem avisando a partida. Levantamo-nos do banco e dirigimo-nos em sua direção. Quando chegamos à escada de acesso, perguntei-lhe:

Pensei que fôssemos conversar sobre a manifestação da personalidade no físico, emocional e mental! Ele, com o pé direito já galgando o primeiro degrau, parou e voltou-se para mim, dizendo:

– Ah... ! Então temos aqui um buscador que gosta de histórias, não é? Terei então que desempenhar o papel de contador de histórias? O que você acha?

Apesar de ele ter dito isso sorrindo, francamente eu não sabia o que responder, pois não entendi se se tratava de uma brincadeira, forma de expressão ou uma grande ironia. Ele acrescentou:

– Ainda estaremos juntos no mesmo vagão e, dependendo, lá conversaremos, porque o trem... nada mais tem a fazer nesta estação.

CAPÍTULO XXI

A Escalada

Subimos os quatro degraus que davam acesso ao vagão, entramos e meu companheiro de viagem se sentou na poltrona junto à porta – a mesma que ocupava anteriormente. Fiquei parado no corredor, sem saber se deveria me sentar à sua frente ou se ocuparia a poltrona que até então utilizara, quando ele me falou:

– Um buscador nunca tem dúvidas, porque é movido pela fé. Um peregrino nunca dorme no mesmo lugar, porque tem um caminho a seguir. Um bom jogador sempre sabe qual é o seu alvo... mas não necessariamente acerta sempre.

Essas palavras foram pronunciadas de forma aparentemente displicente enquanto acomodava-se em sua poltrona, e ele mantinha seus olhos fechados, como se conversasse com seus botões. Sentei-me à sua frente, junto à janela, dando as costas ao sentido do movimento do trem. Sem perda de tempo – aliás, já estava começando a habituar-me com sua objetividade –, disse-me:

– Um piloto de parapente, para ter a alegria, a sensação de liberdade do vôo, necessita, antes de tudo, subir a montanha. Quanto mais longe ele queira enxergar e quanto mais ele queira usufruir seu vôo, mais alta deverá ser a montanha. Quanto mais alta a montanha, mais cansativa será sua subida que, além disso, será feita com seu equipamento – que pesa em torno de trinta quilos – às costas. Essa escalada poderá demorar muito tempo e o perigo poderá estar presente: poderá perder-se em algum caminho tomado por engano ou poderá deixar-se seduzir por alguma árvore frondosa com alguma fonte a seus pés. O cansaço será inevitável ao chegar ao seu cume. O piloto deverá, com o discernimento, afastar os obstáculos, administrar as circunstâncias, como o frio, o calor, a fome, o cansaço, a expectativa sobre o vento etc., e, apesar de tudo isso, ele não desistirá. A escalada da montanha e a conquista de seu cume, nesse caso, não são seu objetivo, mas são necessárias para vislumbrar o seu vôo, que é o que ele mais quer. Ao chegar ao cume da montanha, continuou, começa para ele o verdadeiro sentido da escalada. Ele pára em seu cume, olha ao redor e fica inebriado com a paisagem vista do alto, sentindo-se integrado a ela. Estando integrado, irá sentir-se em casa e em segurança. Antes de lançar-se ao vazio, terá alguns instantes de reflexão e, refletindo, há de concentrar-se; concentrando-se, irá esvaziar sua mente, podendo entrar num estado sublime. Ciente de tudo isso, ele vê *através*, infla sobre si o parapente que até então descansava ao chão metodicamente arrumado com seus fios de náilon testados e perfilados como numa parada militar. Nesse momento, o piloto, mais do que nunca, será o dominador e o refém das circunstâncias. Intuitivamente, deve controlar o seu passo com a velocidade do vento e saber a hora exata em que deve decolar. O primeiro instante sempre tem seu efeito por mais experiente que seja o piloto. Sente o vento, a liberdade, a união que se confunde com a solidão dos vencedores, sabedores que nunca estão sós e por isso se bastam. Durante todo o vôo, deve manter-se concentrado, porque ele também sabe que o sucesso do vôo só depende dele.

– Você deve ser um bom piloto, acrescentei, pelo minucioso conhecimento que demonstra, e, sem dúvida, deve gostar muito de voar de parapente.

– Voar é a coisa de que eu mais gosto, mas, quanto a piloto... prefiro pilotar metáforas.

Parou de falar, olhou-me nos olhos e, mudando ligeiramente a tonalidade da voz, tornando-a mais grave, com certa solenidade disse:

– Aspirante, o divertido 'jogo da vida' é essa fabulosa escalada.

Perguntei-lhe, então, se o grau de dificuldade não poderia variar de pessoa para pessoa, uma vez que a montanha nunca é a mesma para todos.

– Não importa que a montanha tenha dois metros de altura ou tenha dois mil metros ou duzentos mil metros. Já que cada um não pode modificar a sua montanha, só lhe digo que *modifique a sua atitude perante os obstáculos e eventos*.

Mas essa atitude...

– Depende de quem a administra. O jogador medíocre, antes de começar a escalada, vislumbra o seu cume; depois, dependendo das dificuldades, o esquece, ou melhor, não o vê mais, porque, na maior parte das vezes, não se lembra de olhar para cima. Distrai-se com pequenos detalhes, envaidece-se com o que conseguiu até então, mesmo que seja desprezível. Por isso, acha-se no direito de saborear os frutos que não estão na senda que leva ao alto.

179

Esses tipos de jogadores são freqüentemente inseguros, forjando sua opinião nas dos outros. Com isso, automaticamente estabelecem para si próprios outras metas que, certamente, não serão mais a do cume. Tudo isso pode acontecer quando se encontram ainda no sopé da montanha e ficam felizes por pensarem que "chegaram lá". Quando alguém mais esclarecido lhe diz para olhar para o cume, pois seu caminho está se desviando, ele despreza o alerta e ainda se revolta, porque *o ignorante não aprecia a franqueza que lhe destrói as ilusões.*

Por outro lado, prosseguiu, há os que levam o jogo a sério – como aquele piloto de parapente: sabe o que busca e não se deixa distrair pelas dificuldades da senda, pelo fato de, freqüentemente, se posicionar pela visão do cume. Esse posicionamento constante imprime dentro dele o conhecimento e o discernimento que, como uma bússola interna, constantemente lhe indicam a direção a ser tomada. Na verdade, esse buscador tem o cume somente como ponto material de referência. O que ele mais quer são os vôos, vôos cada vez mais altos, mais altos, nos quais seus pés não tocam o chão.

– Entre esses dois tipos de buscadores não haverá aquele que faz a ascensão de forma mais leve e não tão obstinada?

– Essa sua pergunta pode ser respondida por um dos princípios das artes marciais: ou é ou não é.

Comportamento semelhante tem a consciência, representada aqui pelo escalador, que deverá vencer os obstáculos, encantos, tentações, pensamentos e idéias da personalidade que é representada pela montanha. Da mesma forma, deverá ser o comportamento do jogador perante a vida que, com sua força interna ou consciência, deverá superar os aspectos materiais ou físicos, emocionais ou dos sentidos e os mentais ou racionais concretos, todos representantes da personalidade. Cada um desses aspectos possui nuances capazes de criar circunstâncias.

Esses aspectos são conhecidos como os já citados três corpos do homem, com os quais ele se manifesta no mundo. Cada um deles possui características diferentes das dos outros, porém existe uma forte interdependência e relacionamento entre eles. Podem ser vistos como degraus, na ordem em que foi dito, cuja ascensão depende de seu desenvolvimento. Melhor mesmo seria dizer que é uma rampa, pois, em função da interdependência, o jogador consciente, uma vez em um determinado degrau, deve manter os outros dois em equilíbrio, independendo do nível em que esteja.

– É sobre esse assunto que vamos conversar agora? perguntei.

Ele manteve-se quieto por instantes, na mesma posição. Parecia estar pensando sobre o que responder. Fechou os olhos, virou o rosto em minha direção, abrindo-os diretamente sobre mim. Não apresentava qualquer tipo de expressão e, fitando dentro de meus olhos, disse num tom suave:

– Meu querido irmão, você está pedindo para que eu fale sobre algo que já deixei de pensar, que é o inexorável do cotidiano dos corpos ou aspectos da personalidade.

– Como assim? Até então você conseguiu me mostrar o caminho da consciência através da personalidade e deu até o exemplo do piloto de parapente na montanha. Não estou entendendo, então, o que é que você deixou de pensar...

– Eu disse, sim, tudo que precisava ser dito para este momento, que é o momento em que você se encontra. A viagem está quase no fim e você não precisará de detalhes que se encontram no passado. Tendo ultrapassado as instruções que para muitos são necessárias, pousou diretamente na pista do conhecimento adquirido em outras épocas. O que está faltando é apenas reconhecer o que você já sabe. Qualquer outra coisa que seja dita serão meras histórias, dessas usadas como passatempo. O tempo, como sabemos, não está passando. Entende a incoerência?

Apesar de não ter compreendido algumas coisas, principalmente o entrelaçamento metafórico do que foi dito, perguntei-lhe o que queria dizer com "parar de pensar".

– Só pensamos em um problema e em sua solução quando ele ainda não está resolvido. Caso a solução ou resultado seja conhecido, deixamos de pensar nele. São águas passadas, não é? O pensamento existe porque serve de ponte ao desconhecido e, quando o desconhecido passa a ser conhecido, a ponte, evidentemente, perde a finalidade. É uma questão de não desperdício de energia; é a necessidade de concentração naquilo que é mais importante.

Uma vez assimilada a personalidade pela consciência, continuou ele, e sendo o pensamento característico dos níveis materiais, portanto da personalidade, está apto a galgar degraus mais altos, tomando uma dimensão mais grandiosa e importantíssima, porque serve de instrumento ao desenvolvimento intuitivo espiritual. O pensamento estará trabalhando no sentido de ajudar aquele que precisa de aperfeiçoamento do conhecimento. Só tenho agora, companheiro de muitas viagens, de pedir-lhe desculpas se não o atendi naquilo que fui solicitado.

E, concluindo, disse-me:

— Só tenho a desejar-lhe altas montanhas e felizes aterrissagens.

Aquele estranho personagem esboçou um sutil sorriso, aliás, o segundo que pude notar no nosso contato, e entendi isso como uma despedida. Levantei-me fazendo uma discreta reverência com a cabeça.

CAPÍTULO XXII

O Toalete

Tinha ainda as idéias emaranhadas e a cabeça pesada. Pensei em ir até o final do vagão, onde geralmente encontra-se o toalete, e lavar o rosto com água fria, para reanimar-me. E, não fugindo à regra, de fato, no final do vagão estava ele, porém com a porta trancada, e não me foi difícil deduzir que o local estava ocupado. Resolvi aguardar defronte a porta, quando ouvi, subitamente, uma voz grave e alta soar lá de dentro:

– Entre!

Além de grave e alta, era imperativa, o que me deixou atônito e estupefato. Como assim... "entre!", pensei. O mínimo que eu podia esperar era que, quem estivesse lá dentro, o dono da voz, saísse para que eu pudesse ocupar o seu lugar e, dada a exigüidade do compartimento, seria impróprio duas pessoas permanecerem ali! Não consegui mover-me ou proferir alguma palavra. De repente, a porta abriu-se... e o que vejo?... Aquela figura de porte ariano, enérgica, fardada, dizer-me:

– Entre, passageiro, o que deseja saber?

– Nada, senhor picotador (foi o melhor nome que

me veio à cabeça no momento, dada a inusitada situação, aliás, ridícula)... Só queria passar uma "agüinha" no rosto... só isso!

Ele, sem modificar sua expressão, disse-me com voz firme:

– Entre e fique à vontade.

Entrei. Realmente o cubículo não media mais que um metro e meio quadrado e eu fiquei tão à vontade quanto uma vassoura no armário! O que me deixou mais espantado é que lá não era um toalete, como eu havia pensado. O ambiente tinha somente uma cadeira que ficava voltada para um quadro e, grudados nele, vários quadrados de papel que mais pareciam crachás com os nomes, presumivelmente, dos passageiros daquele trem.

Sem esperar nenhuma pergunta de minha parte, aquele sisudo senhor, que se encontrava a pouquíssima distância de mim, disse-me, num tom que, penso, poderia ser mais brando:

– É daqui que controlamos as coisas.

– Que coisas? perguntei.

– Tudo. Já que o senhor veio até aqui, renovo meu conselho e digo-lhe que não se esqueça do mais importante.

Virando ligeiramente a cabeça para o lado, pude notar que o cartãozinho com o meu nome não estava pregado à parede, mas dentro de uma pequena caixa lilás, sobre um minúsculo balcão preso à parede. Não tinha, absolutamente, o que dizer, ainda mais naquela incômoda "saleta". Saí sem despedir-me. Resolvi não voltar à companhia de Moira, ao menos momentaneamente. Sentei-me numa poltrona qualquer sem ninguém por perto, tentando arrumar minhas idéias. Aquela recomendação insistente para que eu não esquecesse o mais importante estava me confundindo um pouco.

CAPÍTULO XXIII

Os Dois Primeiros Aspectos

Depois de algum tempo ali sozinho, resolvi não me preocupar mais com a recomendação do picotador. Decidi que minha imaginação começaria a fluir solta e despreocupada. Sábia decisão, que me deixava feliz. Sozinho, podia pensar em tudo que quisesse e da forma que bem entendesse, já que não havia quem pudesse policiar ou adivinhar meus pensamentos.

Isto fazia-me parecer uma criança de uns quatro anos sentada à mesa do escritório do pai, sentindo-se livre para mexer nos lápis, canetas, lupa, grampeador, fósforos etc., criando histórias com todos os apetrechos disponíveis. De repente, o que sempre foi comum a vida inteira, pensar livremente agora tinha uma outra conotação. Percebi que o pensamento e as idéias não me pertenciam, eram como que autônomos. Essa situação agradável foi se modificando e evoluindo até que ele, o pensamento, tornou-se congestionado e assoberbado pelas idéias.

Sentia-me mais intrigado do que só.

Ao chegar a esse ponto, resolvi ajudar a mente e comecei a colocar ordem na casa, imaginando duas portas: uma de entrada, outra de saída. Os pensamentos tiveram de se submeter à ordem dada por mim, entrando um por vez, e, feita sua apresentação nesse diferente palco, deveria sair pela outra porta, para dar vez a outro pensamento. Cessava o tumulto e, só eventualmente, aparecia um pensamento desavisado, que rapidamente era domado, tomando o devido caminho. Com essa providência, meu corpo começou a relaxar e, por pouco, quase compreendo o significado da desidentificação dos corpos com o verdadeiro Eu.

Apesar do estado quase meditativo que agasalhava essas percepções, meus olhos permaneciam vigilantes a tudo que acontecia no trem, que, aliás, visual e explicitamente, não era muita coisa.

Enquanto fazia essas considerações, Moira aproximou-se de mim e, parando ao meu lado, perguntou-me se eu havia me esquecido dos velhos amigos.

– Claro que não, respondi. É que não quis incomodá-los por alguns momentos.

– O caso não é deixar de incomodar ou incomodar, mas de resolver o que tem de ser resolvido.

– Moira, vou contar-lhe o que para mim ainda não faz sentido. Talvez seja um simples elo para dar seqüência a essa maravilhosa corrente que é o jogo da vida.

– Posso saber o que é? perguntou-me Moira, fingindo não saber o que sempre soube.

– O que me intriga é a prática da coisa no dia-a-dia, é o despertar da consciência, o que é e quando ela ocorre. Como ela percorre o que uns chamam de aspectos, outros de corpos físico/emocional/mental ou personalidade?

— Vou confessar-lhe uma coisa: agora você me pegou de surpresa. Há poucos instantes, você conseguiu debelar, com pulso firme, uma rebelião, justamente nesta prisão material chamada Física/emocional/mental. Além de debelá-la, você colocou-a em ordem. Em outras palavras, você enxergou os problemas como externos, despersonalizando-os e apartando-os do verdadeiro Você, demonstrando sua capacidade de harmonização e equilíbrio com relação aos seus aspectos. De que interessa saber agora sobre o início dessa história toda? Será, Tron, que você não se lembra do que o peregrino da última cadeira falou-lhe: "Você gosta de histórias?" E ainda o picotador de bilhetes que, por duas vezes, enfatizou: "Não esqueça o mais importante." Não esquecer o mais importante pode significar: esqueça-se do que não é importante, não é? Você está tão bom nesse assunto que, cá entre nós, não precisava colocar catraca na porta de entrada. Isso foi um preciosismo desnecessário.

— Mas... Moira... eu...

Como não me ocorreram idéias para completar meu pensamento, ela atalhou:

— Não serei eu quem o farei voltar por algumas vidas só para ouvir o que talvez possa ser dito em poucas palavras, já que, nesta, você tem sido um ótimo aluno.

— Então?

— Então imagine uma rampa com três etapas, sendo as fronteiras entre elas não delimitadas. A inclinação dessa rampa imagine-a mais inclinada ou menos inclinada como sendo o jogo da vida. Se escolher um jogo mais fácil, ela terá pouca inclinação, porém será mais comprida, tão mais comprida quanto menos inclinada ela for. Se escolher, no entanto, uma grande inclinação, ela será bem mais difícil, porém mais curta.

– A vida será mais ou menos longa, é isso que você quer dizer?

– Não, Tron, isso não diz respeito à duração da vida, mas à superação e harmonização dos obstáculos para passar à fase seguinte, que já não diz mais respeito aos aspectos materiais.

– A primeira etapa, continuou Moira, é chamada de aspecto físico; a segunda de emocional e a terceira, mental. Isto, é claro, dito de forma bem sucinta. Aliás, vou simplificar ao máximo, porque sei que o trem logo chegará à estação do Hotel Internacional. Preste atenção: A consciência, no início da primeira etapa, ou aspecto físico, existe ainda num estado latente, adormecido. Alguns até a chamam de inconsciência, o estado do indivíduo não desperto. Os jogadores nesse estado são embrutecidos e, assemelhando-se aos animais, são guiados por instintos, principalmente os ligados à procriação e sobrevivência, e têm como primeira tarefa o desenvolvimento da consciência do eu. A partir desse momento, seus instintos começam a mesclar-se com rudes sensações, sem que possam ainda serem chamadas de emoções ou mesmo utilização dos sentidos de forma consciente. Aos poucos, a consciência dos sentidos vai sendo despertada em substituição a alguns instintos, até que chega à primeira fronteira que, como já disse, é muito ampla e mal delimitada. A consciência, neste ponto, já tendo tomado conhecimento de alguns estímulos emocionais[31], acha-se desamparada pelo mental, que, até então, está fundido com o emocional. Em outras palavras, o indivíduo pensa através das emoções. Isso quer dizer, Tron, que o raciocínio, se é que já pode ser assim chamado, é expresso pelos sentidos. Continuando, vamos ver que nessa fronteira encontra-se um caldeirão de sentidos em seus mais baixos aspectos, representados por paixões, desejos, ódios, estando os sentidos na sua fase mais grosseira. É a região que alguns chamam de baixo-astral.

Subindo um pouco mais a rampa, já principia uma fraca influência do mental, que dá seu ar da graça, porém de forma tacanha. Os indivíduos desse estágio ocupam-se de fatos mesquinhos, supervalorizam a desgraça, tanto faz se ela acontece com o alheio ou consigo próprio, porque é na desgraça que todos são solidários e ela é um bom marco de ignorância das pessoas. O mórbido os atrái, haja vista os acidentes urbanos, sempre rodeados de espectadores. Os programas de televisão e rádio que abordam temas escabrosos sempre têm sua audiência garantida. Quando acham engraçado algum fato, são geralmente grotescos e se expressam com gargalhadas incontidas, pois ainda não entendem o humor sutil. As músicas que os agradam são extremamente passionais, cheias de duplos-sentidos. Acham-se perseguidos e azarados quando se encontram com realidades diferentes das deles. Pode-se dizer que o discernimento ainda é extremamente grosseiro, pois o emocional é volúvel, estando o mental ainda relativamente amalgamado com o emocional e mostrando-se numa ou noutra ocasião. Os seres dessas primeira e segunda etapas são suscetíveis às forças telúricas, caracterizando-se por fortes mudanças de humor. São aqueles indivíduos "de lua".

Indo mais adiante, Tron, há os níveis superiores, nos quais a presença do mental já se faz sentir de forma

---
31 Também chamado de aspecto ou corpo astral.

branda e, com ela, o discernimento. O indivíduo já consegue detectar a relação causa-e-efeito, a percepção vai aumentando e, conseqüentemente, o nível de consciência. A arte ainda é entendida de forma rudimentar. Entende pouco os exemplos mais simples. À medida que a consciência evolui para níveis superiores, ainda no aspecto emocional, os desejos começam a ser substituídos pela vontade. A influência mental já se faz sentir de forma mais intensa, permitindo que, por meio do discernimento, faça escolhas mais equilibradas. As músicas escolhidas são as mais bem elaboradas, arranjos orquestrados, ou aquelas que contêm algum tipo de poesia. Entendem bem os exemplos e algumas metáforas.

Na parte mais alta do emocional, é comum encontrarmos indivíduos com o aspecto mental muito desenvolvido, mas isso não quer dizer que ele seja consciente no nível mental.

– Como assim, Moira? Se ele tem o corpo mental já desenvolvido, por que ficaria no emocional?

– Tron, entenda que não é a pessoa que escolhe, não é assim que funciona. Ele não "fica" no emocional, ele é consciente no emocional, o que é substancialmente diferente. O indivíduo pode ser inteligentíssimo, resolver problemas fabulosos, ser um profundo conhecedor de muitos assuntos, mas, se ele se orgulha disso, humilha quem está abaixo dele, faz questão de mostrar e propalar sua cultura e ainda tem desejos o mais das vezes baixos, isso significa que a consciência está ancorada aí, não tendo se dado conta de que poderia ter ido adiante. Apesar disso, a consciência que está nesse estágio tem um gosto apurado, aprecia a sutileza dos detalhes, gosta de espetáculos musicais, teatro, bons livros. As músicas de sua preferência são as mais eruditas ou as populares construídas com mais apuro.

– Nessa última descrição, Moira, percebi um razoável desenvolvimento intelectual e você me diz que eles ainda estão no aspecto emocional? Como pode ser isso?

– Atingir, eles atingiram. Só que não deixaram o que deveria ser deixado. O navio está na água, mas ainda amarrado ao porto.

CAPÍTULO XXIV

O Aspecto Limite

As últimas palavras foram ditas pausadamente e Moira parecia perscrutar-me com seu olhar tranqüilo e sagaz.

Apesar de ter seguido toda a sua linha de raciocínio, tinha ainda algumas dúvidas sobre o assunto tratado. Mesmo ela tendo dito que, nas regiões próximas às fronteiras, existe alguma indefinição – quando se trata de fronteiras da personalidade –, imaginei que esses limites não seriam tão limitantes quanto poderíamos crer. De qualquer forma, não queria fazer qualquer questionamento naquele instante e aguardei a iniciativa dela para dar seqüência ao que estava expondo.

– Tron, continuou ela, dialogando com minhas idéias, imagine que você seja um filósofo e tenha uma casa na praia e goste muito dela, a use freqüentemente e tenha intenções de ir lá morar um dia, pois você se sente bem ali. Lá você consegue a paz de que precisa para fazer aquilo de que gosta e, com isso, tem a oportunidade de ter uma vida despreocupada e sadia. E você sente que suas idéias e pensamentos fluem de forma incomum. No entanto, você mora em numa casa na capital, também confortável, que lhe oferece, em contrapartida, todas as facilidades e diversões de uma grande cidade. Por um lado, você quer e precisa morar na praia, mais isolado do burburinho da cidade, para que possa desenvolver-se, mas, por outro, a sofisticação da cidade o prende. Cada vez que vai para a praia, por curto período, você desenvolve-se e avança em seus estudos, mas, depois de certo tempo, seu pensamento migra para a cidade. Não é assim? Pois bem, que fique bem claro nesta montagem fictícia: você não mora na praia, mas vai à praia. Realmente, mora na cidade. Em outras palavras: você está onde estiver seu pensamento, assim como suas energias e conseqüentemente sua consciência, que pode visitar constantemente sua mente e lá operar prodígios. Mas, quando menos espera, seus pensamentos estão voltados para a satisfação de seus desejos, sejam eles nobres ou não. Assim como esse exemplo da praia, uma coisa é a consciência estar no aspecto mental e usar o físico e o emocional como acessório; outra coisa é o emocional subjugar o físico e o mental. A consciência no mental geralmente não subjuga os outros dois aspectos, porque já possui um grande discernimento a ponto de equilibrar todo o sistema.

— Por que *geralmente?*

— Espere um pouco, uma coisa por vez. A consciência, quando faz seu quartel general no aspecto mental ou região da hipotética e metafórica rampa, enxerga o mundo tridimensional de forma ampla e sutil. Quando pensamos, um processo complicadíssimo se efetua dentro de nosso cérebro físico, que é o instrumento da pessoa que pensa. A consciência aí instalada passa a controlar as ações do corpo físico e também os desejos e as emoções.

— Por que aspecto limite?

— Outras denominações podem ser dadas ao aspecto limite, como intelecto, mente inferior, mente concreta etc. O intelecto, Tron, é um instrumento que serve à mente superior e, sendo um instrumento, é em si improdutivo para percepções extra-sensoriais. Ele opera pelo raciocínio que existe através das comparações de idéias, as quais devem estar armazenadas na memória, função também do intelecto. A memória, por mais elástica que seja, é limitada. Um ponto a ser entendido, continuou ela, é que o intelecto, ou mente inferior serve de transmissor ao cérebro físico, instrumento principal do pensador. A limitação do intelecto, entretanto, é relativa ao cérebro físico, que é constituído por matéria concreta; ele presta-se aos devaneios, que é aquele estado sub-imaginativo que não chega necessariamente a constituir um pensamento. O intelecto encerra em si a lógica, que é o poder de dedução e análise.

– E tudo isso que você disse não é importante? perguntei.

– Muito mais que isso, é essencial! Não pelo poder da mente concreta ou intelecto em si, mas pelo fato de constituir um poderoso instrumento intelectual para a compreensão de aspectos superiores presentes na mente superior. Devemos, sim, desenvolvê-lo o máximo possível, para que os horizontes lógicos sejam ampliados. Porém, é necessário que saibamos dominá-lo, para que o acesso ao nível superior seja possível. Eis aí o grande salto da consciência: saber que a consciência se reveste de um poderoso instrumento e, ao mesmo tempo, olhar para cima e entender que muito ainda precisa ser conquistado!

– E se o indivíduo achar, inconscientemente, que está ótimo esse patamar e não quiser seguir adiante?

– Ótima pergunta. Se ele acha "inconscientemente", é sinal de que sua consciência cristalizou-se nesse patamar. Se a pessoa é feliz assim, só ela pode mudar esse quadro. A hipótese de não querer ir mais adiante também é problema dela. Porém seria bom que soubesse que está contrariando a "lei da evolução", que é uma lei natural, e é pena que não saiba que sua capacidade intelectual poderia ser potencializada se resolvesse olhar para cima. Isso talvez responda ao seu "geralmente".

CAPÍTULO XXV

Além dos Limites

Moira parou de falar, ficando em seu silêncio durante certo tempo, com os olhos fechados, acredito até que propositalmente, para que eu tivesse tempo de digerir o que havia sido dito.

Na verdade, nada havia sido dito que eu não soubesse. Não é difícil, no cotidiano, identificar e constatar o comportamento dos jogadores em suas diversas fases ascensionais, o que, na verdade, é uma grande perda de tempo. O que ela fez foi colocar ordem nos conceitos, permitindo-me assim melhor vislumbrar a situação. Sentia certa insatisfação, pois não era exatamente o que eu queria ouvir, o que acredito tenha sido percebido por ela. O fato é que eu não sabia o que queria ouvir e, ademais, eu já havia lido alguns livros, verdadeiras obras de mestres e instrutores, que tratavam de cada um desses assuntos em particular.

– Tron, é fácil compreender sua frustração. Tendo superado essas fases das quais falamos, estará apto a equilibrar e superar os aspectos da personalidade. Não se esqueça, porém, de que eles existem e estarão aí enquanto você estiver participando do jogo da vida. Você precisa de seus três corpos para movimentar-se, trabalhar; você precisa ouvir, comer, falar, raciocinar, calcular etc. Eles existem. O que lhe foi mostrado diz respeito ao gerenciamento deles e, mesmo que você venha a superá-los, não significa que conseguirá eliminá-los. Se conseguir... é porque não está mais vivo, pelo menos da forma como conhecemos a vida neste planeta.

Você está, Tron, no topo da montanha, tendo vencido os aspectos ou obstáculos da subida, mas está tendo dificuldades de analisar se as condições estão favoráveis para o vôo. Você precisa explorar melhor os seus limites, indo fundo para exaurir suas possibilidades racionais.

– Mas eu acredito que tenho ido fundo em minhas tarefas...Não sei por que você diz isso.

– Quero dizer que a exploração total dos limites é o esgotamento de tudo que poderia ser feito no campo do conhecimento concreto racional e, mesmo assim, querer ir adiante, estourar os limites, as fronteiras. Limites são fronteiras que podem funcionar como válvula de segurança, para que pessoas inconformadas com a trivialidade não enlouqueçam. Existe, no entanto, aqueles que não querem saber como algo funciona. Basta que funcione. O esgotamento das possibilidades aparentes é o que diferencia o ganhador, ou o buscador, do perdedor – que constitui a grande maioria da humanidade atual.

Para o furador de limites, continuou Moira, qualquer tipo de tarefa é importante, desde as mais simples até as mais complexas. Porém, o ensinamento extraído de qualquer uma delas é idêntico.

– Entendo, Moira, mas creio que não podemos levar absolutamente tudo a fundo, não é mesmo?

– A concepção de trabalho bem feito varia de indivíduo para indivíduo e o "absolutamente" não deixa de ser uma questão de treino. Uma criança que aprende a nadar não se conforma em ficar somente fazendo castelinhos de areia na beira do mar. Seria frustrante. Talvez exista ainda em você algo que deva ser superado, o que é difícil de acreditar... em pessoas que conseguem construir duas portas para que suas idéias possam fluir! Assim como as idéias são todos os tipos de energia: precisam fluir. Que tal convidá-las a passar por essas portas intuitivas e oportunas?

– Mas é que eu...

–... Eu, eu, eu, eu! Pare de pensar no seu euzinho fraco e limitado, quando há um Universo esperando por você! Dos requisitos necessários, um deles está praticamente sob controle; o outro, não.

– E quais são esses fatores?

– O primeiro é a superação da personalidade.

– E o segundo?

– Basta você querer, pondo em funcionamento sua vontade, fé, amor e conhecimento. E vá em frente.

– É tão fácil assim, Moira?

– É tão fácil assim, Tron?

Alguns necessários minutos se passaram até que ela continuasse:

– A mente superior, ou abstrata, também conhecida como supramental, nível de criação, mente meditativa etc., podemos dizer que está "além dos limites" definidos por

aspectos materiais, lógicos, racionais e previsíveis. É, digamos... uma espécie de outra dimensão. É uma região intermediária entre a mente concreta, ou intelecto, e a Mente Universal, ou Divina, também conhecida por Unidade.
As informações provenientes dessa região supramental, prosseguiu, estão fora do controle do intelecto ou mental concreto. Mas como já lhe disse, para acessar a mente superior é necessário possuir um poderoso instrumento intelectual para que a compreensão das informações daí advindas se faça na maior intensidade possível. Ainda nessa região, o passado e o futuro estão como fundidos, sendo, portanto, uma região atemporal e à disposição de quem a queira visitar.
Os artistas, Tron, recebem essas informações com o nome de inspiração. Todos os indivíduos, em algum momento da vida, já tiveram alguma intuição, às vezes chamada de insight, acontecendo de forma involuntária, sem saber que entre dois pensamentos, ou no silenciar da mente, ela pode advir.
Em outras palavras, a intuição manifesta-se quando do seu intelecto está inoperante. A ampliação desse lapso de momento por intermédio do aquietamento prolonga esse estado.

– Ah, você se refere à meditação.

– O nome não importa muito, Tron. O importante é estar aquietado. Aliás, essa palavra atualmente está muito desgastada, por seu mau emprego. Se você quiser criar condições especiais para se aquietar, tais como a utilização de almofadas, incensos, música ambiente, penumbra etc., para ajudá-lo, faça. Realmente elas poderão ser úteis. Porém cuidado, porque, com o tempo, você pode correr o risco de acreditar que a sofisticação da cerimônia é o ponto central da busca, podendo, inclusive, vir a deslumbrar-se com isso, esquecendo-se do mais importante: o aquietamento. Quero dizer com isso, Tron, que o local e as condições não importam muito, mas concordo que podem colaborar na harmonização enquanto você não tiver muita prática.

– Deduzo então que o ideal é estarmos sozinhos, isolados.

– É o que acabei de dizer: as condições não importam muito. O aquietamento verdadeiro pode ocorrer durante uma caminhada, no banho, enquanto dirige um veículo, num vôo de parapente, esquiando, ou mesmo nos afazeres domésticos mais simples. Sabe qual a palavra-chave que rege este aquietamento, Tron?

– A fé, creio eu.

– Concentração, Tron. Sempre concentração. Nunca se esqueça de que somos indivíduos, portanto, indivisíveis, e a nossa peregrinação através do labirinto do jogo da vida é estritamente pessoal. Você nunca se sentiu sozinho em meio a uma multidão?

A intuição, prosseguiu, é esta maravilhosa e divina fonte que está disponível a todos os verdadeiros artistas, cientistas, estudiosos, filósofos, religiosos... enfim, os que buscam suas inspirações para construir obras inovadoras, ainda não rotuladas ou catalogadas.

Parou de falar. Senti que meus limites começavam a se deteriorar pelas brechas que já se faziam presentes, quando ainda ouvi:

–Meu recalcitrante e querido amigo: a talhadeira, o cinzel, o martelo e inclusive o pincelzinho para tirar o pó estão aí. A estátua é por sua conta e risco!

CAPITULO XXVI

Afinação

"É tudo muito simples e ao mesmo tempo complexo". Refletindo melhor sobre esse pensamento, achei-o inteligente, mas um tanto estúpido para aquele momento.

Moira, quieta, parecia aguardar algo que estava por acontecer e, quando ia pronunciar algo, foi interrompida por um acontecimento. Neste momento, senti uma mão tocando em meu ombro. O dono era o Picotador de Bilhetes que, com o ar austero de sempre, dirigiu-se a mim:

–Sua estação é a próxima, senhor. Desça, por favor, tão logo o trem pare, pois está prevista partida imediata.

No mesmo instante senti sua desaceleração e não pude evitar que uma certa nostalgia me tocasse, ao saber que ia desembarcar. Era um sentimento tipo não-sei-o-quê, deixando-me sem saber o que fazer primeiro. Peguei meu casaco de náilon, meus esquis e, quando ia despedir-me das pessoas com quem tive contato na viagem, percebi que o vagão acabava de abrir a porta para que eu saltasse. Seguindo as instruções do picotador, mal havia saído e já tocava o sinal avisando que as portas seriam fechadas. Foi tudo muito rápido, não tive tempo para pensar e, quando percebi, vi-me de pé na plataforma com o casaco em uma mão e os esquis na outra. Apesar de a situação ser ligeiramente patética, procurei por Moira. Será que ela não teve tempo de saltar daquele imprevisível trem? Achei estranho, pois havia sido ela quem me convidara para esse tipo de transporte.

Por mera curiosidade, dirigi-me até o guichê de vendas de bilhetes, para saber qual seria a próxima parada do trem. Ninguém na plataforma e ninguém no guichê. No entanto, pude ver fixado na parede, dentro dele, um esquema mostrando dois pontos ligados por uma reta. O primeiro, embaixo, era a estação do Hotel Internacional, e o outro, na parte superior do esquema, a estação da Montanha Vermelha. Essa informação em nada me ajudou, pois não estava certo do que estava procurando. Voltei-me para o lado da cidade e vi a imponente torre do Hotel Internacional, que distava poucos quarteirões da estação.

A temperatura baixa e o vento sibilando nos fios e nos ouvidos faziam com que a sensação térmica fosse bem abaixo do zero grau.

Moira já ocupava uma posição de importância dentro dos conceitos de uma boa amizade. "Será que a verei novamente?" pensava.

• • •

Durante nossa vida, conhecemos pessoas que nos tocam no primeiro instante e ficam para sempre marcadas em nós. Em compensação, há outras com as quais convivemos por muito e muito tempo e nada significam. Mas, pensei, foi uma boa amiga. Aliás, considero-a uma instrutora, se é que pode ser assim chamada. Reconheço que cumpriu o seu papel e saiu da minha vida. Talvez tenha sido melhor assim, apesar de ter ainda muitas coisas para conversar com ela, ou melhor, perguntar-lhe. O mais curioso é que nem chegamos a nos despedir.

Caminhei num passo firme, porque queria chegar logo ao Hotel.

Entrei, cruzei o saguão de entrada, que estava lotado de turistas, a maior parte deles com esquis na mão, uns chegando, outros partindo. Quando me dei conta, sem que percebesse, olhava para cada uma das mulheres na intenção de encontrar Moira. Encaminhei-me ao balcão, pedi a chave e subi ao apartamento, ansiando por um bom banho quente.

Antes do banho, porém, lembrei-me de telefonar para a companhia locadora de automóveis, para avisar que o carro alugado por mim estava em tal lugar e em tais condições. Após ter-me identificado com o funcionário da locadora, expliquei a situação e solicitei que o automóvel fosse recolhido pela firma e que outro fosse enviado ao Hotel. O funcionário, gentilmente, respondeu-me:

– Senhor, teremos imenso prazer em atendê-lo, mas seremos obrigados a cobrar-lhe uma taxa de retorno, devido ao deslocamento de nosso motorista para buscá-lo. Mas...não poderíamos encaminhar-lhe o mesmo veículo, já que não demoraremos mais que meia hora para entregá-lo no Hotel? A não ser, é claro, que o senhor deseje trocá-lo por outros motivos. Está bem assim para o senhor?

– Sim, sim, e muito obrigado, respondi sem prestar muita atenção. Meus pensamentos voavam para muito longe.

Entrei no box, e logo estava sob uma deliciosa ducha quente, tendo permanecido lá por um bom tempo, aproveitando o miraculoso poder que a água tem de descansar-nos e equilibrar-nos.

Saí do banho quando as pontas de meus dedos já estavam enrugadas. Vesti-me, fiz um pouco de hora sem saber por que, e, enfim, desci ao restaurante para almoçar. Dados os últimos acontecimentos, estava morto de fome.

Escolhi uma mesa para duas pessoas, de canto, ao lado de uma coluna que me deixava relativamente isolado, quase escondido.

Sobre a mesa descansavam três garrafas de azeite de oliva virgem, cada uma de nacionalidade diferente. Ostensivamente, convidavam-me para serem degustadas. Ao lado das garrafas, pães de primeiríssima qualidade dentro de uma cesta aguardavam ansiosamente serem mergulhados no azeite, já espalhado sobre o prato, temperado com sal e uma pitada de pimenta do reino moída na hora. Uma ou duas voltas no moinho de pimenta bastariam. Não há quem não aprecie esses moinhos de pimenta *Peugeot*, dada a sua qualidade, elegância.

Tanto o azeite espanhol que escolhi quanto os pãezinhos estavam maravilhosos. Aliás, pães e azeites de qualidade só são encontrados e apreciados em locais cultos e civilizados.

Depois de pedir ao garçom uma taça de vinho da casa, fiz meu pedido e fiquei observando os demais convivas. Sem perceber, colocava-me na posição de observador, parecendo não fazer parte daquela cena. Notei então que nada me dizia respeito.

O caldo de legumes gratinado foi servido devidamente acompanhado pelos referidos pães. O risoto de cogumelos fez as honras da mesa e as frutas coroaram aquele maravilhoso almoço.

 Enquanto sorvia lentamente o café, meus pensamentos deixaram de pousar sobre as pessoas e o ambiente que me circundava e recaíram sobre mim mesmo. Recordei-me do que Moira me dissera sobre a utilização dos sentidos de forma correta e nobre e compreendi que um apreciador de um bom vinho e de uma boa comida não precisa ser um bêbado, muito menos um guloso. Apesar de essas palavras conterem um forte aporte depreciativo, hoje, a humanidade como um todo imputa a elas um significado brando, alegre, quase elogioso, assim como todas as demais manifestações dos sentidos, quando utilizados de forma inferior. Gostei do que pensei e coloquei-me, agora, na posição de apreciador, percebendo, ou melhor, sentindo o sutil gozo das etapas ultrapassadas. Assinei a nota e levantei-me, dando uma olhada geral no ambiente, mas agora de um outro ângulo, e não era pelo fato de estar de pé.

 Saí do Hotel, andando pelas brancas calçadas ainda escorregadias. Apesar de a meteorologia não ter previsto neve, isso não impedia que, vez ou outra, um floco desavisado caísse com seu microscópico encanto. O ar frio foi sorvido em longas inspirações. Optei por seguir a rua que levava ao bosque e não a que levava ao centro urbano, inundado pelos *"brouhahas"* cosmopolitas. No caminho escolhido, a partir de um ponto, não se viam mais construções e, já há algum tempo, a paisagem vinha sendo substituída por bétulas e pinheiros. Sentia-me feliz, ou melhor, profundamente feliz. Abrandei o ritmo da caminhada e diminuí o tamanho dos passos, percebendo sensível mudança em meu modo de ver as coisas.

Quando me dei conta, estava bem longe do Hotel e, não havendo mais ninguém por aquelas paragens, uma deliciosa solidão tomou conta de mim. Notei a forma com que o Organizador preparara aquela imagem, esperando por mim: aquele céu, contrastando com o verde escuro das árvores coroadas de branco. Enchia-me os olhos e, ao mesmo tempo, envaidecia-me o privilégio do momento.

Estava só. Eu e a natureza desfrutávamos a cumplicidade da ocasião que se apresentava, sem a mínima chance de sermos molestados. Usufruindo desse enlevo, de repente pareceu-me ouvir, ao longe, uma voz feminina a chamar-me pelo nome. Parei, tentando localizar de onde viria o som. Olhei para trás e, espantado, não podia acreditar no que via: a mais ou menos uns cem passos de mim estava Moira! Não houve nenhum reencontro cinematográfico. Simplesmente avancei em sua direção com passos um pouco mais rápidos que o normal, embora ela não tenha alterado os seus. Tão logo nos encontramos, ela apressou-se em dizer:

– Você se arriscou!

– Como me arrisquei?

– Olhou para trás e poderia ter se transformado em uma estátua de sal!

Não pudemos deixar de rir. No mesmo clima alegre, ela perguntou-me:
– Descansou?

– Sim, mas, antes de tudo, sou eu quem quer saber: como me encontrou aqui?

Ela, num tom baixo, quase misterioso, disse:

– Afinação, Tron... afinação!

– Como?

– Ora, se você tocar uma nota musical, digamos, ao piano, e se, ao lado, estiver repousado um violão sobre uma mesa, a corda correspondente à nota que foi tocada vibrará sem que ninguém a encoste. É o princípio de afinação dos instrumentos musicais. Uma determinada vibração desperta vibrações afins. Nós, humanos, nos comunicamos por meio de ondas vibratórias, ao ouvirmos algum som, ao vermos um imagem, uma cor. Até nossos pensamentos funcionam por intermédio de vibrações, recebendo e enviando impulsos elétricos. Vibrações mais altas induzem à sutilização e, conseqüentemente, a níveis de consciência mais altos. E vice-versa. Entendeu por que foi tão fácil achá-lo?

– Sim... é que eu me encontrava tão distraído... Espero que me desculpe.

– Distraído? Ora, veja só, Tron! Você, mais uma vez, estava num estado meditativo, tendo até oferecido orações ao Organizador, e ainda acha que estava... distraído?

Foi o que disse ela, aliviando a expressão e deixando transparecer uma reprimenda orgulhosa, com uma benévola aprovação pelo seu aluno, tal como um avô premia um neto com uma barrinha de chocolate antes do almoço.

– Foi uma tremenda coincidência, não foi?

– Eu prefiro chamar de sincronicidade, disse-me ela.

– Então, gostaria de falar-lhe que foi muito bom reencontrar-nos no sincronismo desta mística coincidência, para compartilharmos juntos este momento tão especial. Eu já conhecia estas paragens há muito tempo, por fotos e cartões postais, mas nunca poderia imaginar que fosse esta maravilha!

– É, o seu equilíbrio mais amadurecido e o equilíbrio das circunstâncias geraram este clima.

– Será?

– Se você tivesse descido do trem e vindo direto para este bosque, com os esquis nas mãos, sem almoçar, com roupas sujas, sem banho... você acha que teria este mesmo desfrute?

– Acredito que não.

– Mas a paisagem não deixaria de ser maravilhosa por causa disso, não é? As circunstâncias, Tron, sempre as circunstâncias dando a medida de como as coisas acontecem. Já conversamos muito sobre isso, mas temos ainda que reforçar algumas coisas e elas são tão importantes que o próprio paraíso pode tornar-se um inferno e vice-versa.

– Mas... paraíso é paraíso e inferno é inferno. Eu...

– Tron, imagine uma ilha tropical, dessas que vemos em filmes, com todos os acessórios e características. Se você chega a ela de iate, para visitá-la e passar ali alguns dias, cercado daquilo que você julga essencial para seu conforto, certamente você achará que lá é um paraíso. Se, no entanto, chega a ela nadando ou agarrado em um tronco de árvore, só com a roupa do corpo, porque seu navio afundou, após os primeiros momentos de profundo alívio por tê-la como salvação, você conclui que lá poderá passar o resto de sua vida, e isso fará com que você ache que lá é um inferno. A ilha é a mesma, o que muda são as circunstâncias, que interferem ou mudam absolutamente todos os momentos do curioso jogo da vida. Mas, você pode optar e decidir que jogos o envolverão.

– Sempre? Será que não existem aquelas circunstâncias acidentais, boas ou más, que se impõem sem que as esperemos?

– Olhe, o conceito de bom, mau, positivo, negativo é exclusivamente seu. Pessoal e intransferível. Agora, quanto ao fato de elas serem acidentais, esqueça. A menos que você não esteja sujeito às circunstâncias dos outros, o que talvez seja impossível.

– Mas e o imponderável, a predestinação e coisas desse tipo, como ficam?

– Eu poderia dizer que ficam por conta de seu livre-arbítrio, mas, como vibramos no mesmo diapasão, vou dar-lhe um exemplo como prêmio: a chance de uma pessoa cair de avião na selva e ser devorada por uma fera é zero, se ela nunca subir em um avião. Por outro lado, ela nunca sentirá o prazer de voar ou de encurtar o tempo de uma viagem, se se recusar a entrar em aviões. Você pode controlar sua circunstância até o voar ou não voar, porém, se voar, estará sujeito às circunstâncias do avião, do comandante, da torre de controle, condições atmosféricas etc. O que quero que entenda é que, ao relacionar-se com fatos e pessoas, automaticamente nossas circunstâncias envolvem-se de alguma forma com as demais. É você quem opta e tudo tem dois lados. Vou bater na mesma tecla: *nada é o que parece*. Hoje você está preparando o elenco de circunstâncias que usará num futuro próximo, ou não. Pense a respeito.

Hoje você talvez se arrependa de fatos ocorridos no passado, Tron, mas você os analisa centrado nas circunstâncias atuais, novinhas em folha! É claro que precisamos estar atentos, pois a mudança do ponto focal pode gerar distorções nos parâmetros que usamos. Mas é comum desconsiderarmos as condições e circunstâncias que regeram certas tomadas de decisões no passado. Você pode considerar um erro hoje, mas, na época, pode ter sido a melhor decisão possível e até mesmo a decisão brilhante. É fraco aquele que renega as decisões passadas. Em vez da preocupação com o passado, deveríamos nos ocupar com o futuro. Analisar os erros passados, sim, mas sem recriminações.

– Não seria melhor não nos ocuparmos com o presente da forma como citam alguns mestres?

Ela não ouviu essa minha pergunta. Tinha ido colher maçãs naquele mesmo cenário que há pouco descrevemos, numa macieira que mais parecia uma árvore de Natal, contrastando seu verde com o branco em volta e salpicada de pontos vermelhos, brilhantes. Verde, vermelho... cores que se complementam... Até nisso o Organizador pensou.

Foram colhidas quatro maçãs, duas para cada um. A primeira, para ser consumida imediatamente, e a outra, presumo que para o caso de um naufrágio.

CAPÍTULO XXVII

Passado e Futuro

Continuamos nossa caminhada, ocupados em saborear aqueles frutos que haviam sido colhidos de forma que me fazia lembrar de travessuras da infância. Com relação a Moira, sentia-a menos formal, mais solta e comunicativa e isso era bom. Ao pensar assim, não pude esconder um sorriso. Moira, pegando o fio da meada – aliás, a melhor especialista nisso de que já tive notícias –, comentou em seqüência ao meu pensamento:

– Parece incrível estarmos comendo maçãs nesse paradisíaco local.

– Só falta fazermos agora um boneco de neve à minha imagem e semelhança, atalhei.

Rimos juntos do que havia sido dito e, quando percebemos, já havíamos comido as quatro maçãs. Nossa cota de sobrevivência tinha-se acabado. Teríamos que trabalhar para colher outros, mas, como estava muito frio, não precisaríamos suar para conseguir isso. Era muito agradável saber que Moira acompanhava e entendia todas as minhas alegorias.

Sem mais nem menos, naquele momento, Moira

parou, virou-se seriamente para mim e com ar preocupado falou:

— Esse negócio de citações de Mestres é muito delicado. Sendo uma linguagem atemporal e impessoal, nunca deveria ser levada ao pé da letra. Por mais que sejam usadas metáforas relativas e aparentemente óbvias, não se esqueça de que partem de ângulos de visão de outras dimensões, regidas por outras leis e parâmetros. Um Mestre não conhece medidas como metro, litro etc., e menos ainda medidas de tempo, como passado, futuro. Essas medidas usadas para aferições e referências são criações tridimensionais humanas. Como um Mestre poderia explicar o tempo neste mundo irreal a partir de premissas reais?

— Poderia explicar melhor, Moira? Esses conceitos de realidade e irrealidade estão sempre sendo abordados, mas nunca me satisfazem.

— É o que disse, Tron. Os conceitos de passado e futuro são tridimensionais e são mais uma prova de quão irreal é tudo isso aqui. Vejamos: se olharmos para trás, veremos que o passado começa no momento em que pensamos e nunca termina, embora nele não existamos mais. Se olharmos para a frente, vislumbraremos o futuro, que começa exatamente quando termina o passado e se estende indefinidamente, mas nele ainda não existimos. Entre o passado e o futuro não existe espaço em que possa caber o presente: quando termina um, simultaneamente começa o outro. Logo, Tron, não existimos no presente também. Se enfocarmos essa idéia de passado, presente e futuro, seremos levados a pensar na possibilidade de não existirmos materialmente em nenhum deles.

— Ah, Moira, é difícil de assimilar esse raciocínio! Podemos falar sobre isso, mas assimilar...

— Não, Tron, isso não é um raciocínio. É o choque de leis da dualidade com a Unidade. Muitas terminologias são adaptadas e convencionadas para facilitar as coisas. Vamos ainda mais adiante: estamos nesta rua, admirando a natureza. O que é presente, você poderia me explicar?

— Ora, é exatamente este momento que vivemos agora.

— Então o agora seria o presente?

— Sim, claro.

— E se eu lhe dissesse que na palavra *agora* está contido o passado e o futuro?

— Ajude-me a definitivamente entender, Moira.

— Ao pronunciar a letra "a", de "agora", o restante da palavra, "gora", está no futuro; ao falar a sílaba "go", o "a" inicial já é passado e a sílaba "ra" ainda está no futuro. O passado, Tron, vai *avançando* sobre o futuro e assim não há espaço para o presente. Você trouxe essa palavra como representante do presente e poderia, depois do que foi dito, mostrar-me onde está ele?

Pensei, concentrando toda minha atenção para não afastar a possibilidade de compreensão que parecia estar me envolvendo, e disse:

— O presente, Moira, não poderia ser então o "o" central?

– Ainda não, Tron, ele conteria o passado e o futuro. A pronúncia do "o" tem certa duração, além de uma vibração mística de que não falaremos agora e, por mais curta que seja essa duração em sua pronúncia, tem, evidentemente, um começo e um fim, logo, um passado e um futuro.

– Até onde pode ser levada essa idéia?

– Até onde você quiser. O presente fecha-se em si mesmo, prensado pelas imensas paredes do passado e do futuro. Mas estamos acostumados a falar sobre o presente. Ele não está situado num determinado lugar, é nômade, é abstrato, está sempre passando. Por isso sempre dá a idéia de movimento. É o presente-contínuo retratando isso: estou fazendo, vou indo, estou estudando... é o presente dentro de seu movimento, dentro de sua dinâmica. O presente, que é dinâmico, abrange o passado e o futuro que não o são.

– Mas não existe um tempo de verbo chamado presente: eu estudo?

– Sim, todos aprendem isso. Mas quando você está estudando, se lhe perguntam "o que você está fazendo?",responderá "estou estudando" e não "eu estudo".

– O.K., então por que falamos de presente se ele é tão sem importância, aliás, nem existe?

– Não é assim, Tron. O presente pode ser tão grande quanto queiramos que ele o seja, como dissemos há pouco.

– Ai, Moira, por piedade...

– Sim, Tron, é isso mesmo. O presente é tão maior quanto maiores forem os pedaços de passado e futuro que ele abranger. Dizemos: o presente dia, o presente ano, o século presente e assim por diante, até...

– Até o quê?

– Até chegarmos ao conceito de presente que é o da realidade, chamado também de *eterno presente,* no qual o passado e o futuro formam um só conjunto, sem começo e sem fim. Todos os fatos e ocorrências estão disponíveis para aqueles que superarem as barreiras Físicas da personalidade e do tempo[32], usufruindo os lampejos da intuição ou inspiração.

Fiquei algum tempo quieto, refletindo sobre essa hedionda idéia de presente. Da forma como me foi passada, tudo parecia tão óbvio que me sentia a única pessoa no mundo que nunca havia nela pensado. Concluía que esse assunto era por demais escorregadio, sem parâmetros racionais que me fizessem concentrar nele. Em dado mo-

---

[32] Os primeiros filósofos, desde Aristóteles, trouxeram as noções essenciais que dominam nossa vida intelectual. Eles separaram como categorias do intelecto: noções de **tempo,** de causa, de espaço, de gênero, de número, de substância, de personalidade etc. Essas categorias correspondem às propriedades universais das coisas e fica difícil pensarmos num objeto que não se enquadre dentro delas. Todas as outras são contingentes e móveis, enquanto as noções essenciais nos parecem inseparáveis do funcionamento das coisas. Segundo Durkheim, elas são como que a *ossatura da inteligência* e, ainda dentro do pensamento do sociólogo francês (1858-1917), o tempo pode ser pensado como um quadro abstrato e impessoal e não uma rememoração parcial e individual. Não envolve apenas a vida pessoal, mas a da humanidade. O tempo é, portanto, uma organização coletiva. É como um quadro ilimitado, com toda a duração exposta sob o olhar do espírito, no qual todos os acontecimentos possíveis podem ser expostos e situados em relação a pontos de referência fixos e determinados. É pensado por toda uma civilização. Esses pontos de referência são tomados da vida social e correspondem à periodicidade de ritos, festas, cerimônias públicas etc. O calendário, portanto, não somente exprime o ritmo da atividade coletiva como assegura sua regularidade. DURKHEIM, E. *As formas elementares da vida religiosa: o sistema totêmico na Austrália.* SP:Martins Fontes, 2001.

mento, dirigi-me a Moira, num comentário feito sem muita reflexão:

– Realmente não são todos que têm a capacidade de filosofar sobre um tema que poucos conseguem vivenciar...

Moira olhou-me como se não houvesse compreendido. Fiquei espantado, pois dessa vez foi ela quem disse:

– "Como assim?".

– Quero dizer que não são todos neste mundo que vivem no passado e no futuro fazendo de conta que o presente é inexistente. Todos acham, sim, que vivem no presente e pensam sobre o passado e sobre o futuro.

– Tron, disse-me ela após alguns instantes, e como você definiria *expectativa*?

– Seria, por exemplo... aguardar alguma coisa ou acontecimento?

– Sim, é de certa forma a concretização de algum plano, programação, promessa, ou algo parecido, trazendo implícita ou explicitamente um sentimento de esperança. O mental de quase todos os seres humanos está ocupado em relembrar o passado e aguardar acontecimentos futuros. Assim sendo, vivemos imersos em recordações e expectativas.

– Mas, será que é só isso?

– Tron, acompanhe minha linha de pensamento

e interrompa-me quando discordar, ok.? Vamos tomar alguns exemplos aleatórios: quem estuda tem a expectativa de terminar o curso para trabalhar ou continuar seus estudos em graus mais elevados. Logo, vive algo que ainda não aconteceu. Quem trabalha habitualmente fica ansioso pela chegada do dia do recebimento do salário, muitas vezes para quitar uma dívida que já fez. Durante o ano, o trabalhador aguarda o último mês para receber os benefícios e, em muitos casos, poder sair de férias, ou seja, passa o ano pensando no futuro. Há ainda os compromisso de pagamentos a longo prazo, dividas que se arrastam e que fazem com que queiramos ver o tempo passar rápido.

Há também a espera pelos dezoito anos de idade, que permitirão dirigir, assistir a filmes censurados e ter acesso aos que a idade restringia. Dificilmente deixamos de encontrar um jovenzinho que não devaneie sobre a idade.

Muitos trabalham buscando ganhar dinheiro suficiente para casar. Vivem intensamente essa expectativa. Quando se casam, transferem a expectativa para o primeiro filho; depois, para o segundo... Desde o nascimento do primeiro filho, os pais (e todos que o cercam) vivem alguns anos adiante da criança, aguardando o primeiro passo, a primeira palavra, a entrada na escola etc.

Mesclando-se às expectativas, existem as recordações de situações agradáveis ou desagradáveis e é comum o sentimento de que poderíamos de alguma forma ter agido melhor. Quantas vezes ouvimos o desabafo: "gostaria de ter vinte anos menos, com a experiência que tenho hoje!"

– Moira, vou interrompê-la apenas para acrescentar que de fato seria maravilhoso podermos recuar vinte anos, sabendo o que nos espera... você tem de concordar!

– Ora, Tron, isso é o mesmo que entrar num jogo de cartas querendo conhecê-las por antecipação! Ou então as dos adversários... isso é roubo! Principalmente quando se trata do jogo da vida. Quando alguém pensa seriamente assim, repare que traz consigo uma séria carga de frustrações. O que eu quero mostrar com esses exemplos é que o pensamento não consegue se fixar no presente da forma como você pensava. O ser humano vive e se alimenta de expectativas e recordações, ou seja, de passado e futuro.

Expectativa, como sabemos, nada mais é do que viver no futuro. De uma forma ou de outra, todos nós, quase sem exceção, as temos.

– Moira, eu concordo absolutamente com tudo que você disse, mas não sei onde você quer chegar. Não consigo compreender se ter consciência sobre essa idéia é afinal uma coisa boa ou ruim.

– Bem, supondo-se que as coisas funcionem assim, ter consciência disso poderia contribuir para que usássemos as experiências do passado como aprendizado, para que o futuro pudesse ser melhor elaborado, vivido e aproveitado sem tantas expectativas fantasiosas. Descartar fantasias enganosas não significa traçar um caminho isento de imprevistos, pois, obviamente, eles sempre ocorrerão, trazendo por sinal um sabor especial ao jogo da vida.

O futuro... nele poderíamos colocar nosso foco de atenção, pois é nele que vivemos, tal como a proa de uma embarcação rasgando constantemente as águas que estão à frente. Águas do tempo? O futuro, segundo a relatividade de Einstein, pode ser visitado, e o passado, de acordo com os metafísicos, sempre pode ser consultado...

Bem, penso que é isso, Tron. Alguma objeção?

— Todas ou nenhuma. Não saberia o que acrescentar.

— Para fecharmos o assunto, lembremos que uma das formas de pensamento daquele Mestre que falou sobre o presente seria talvez a idéia do *eterno presente do mundo real,* que contém tudo e que está disponível a todos que O estiverem buscando, indo em Sua direção.

Pode não ser isso que Ele tenha dito, mas, acredite Tron... essa idéia é muito coerente.

CAPÍTULO XXVIII

Equilíbrio de Forças

Aquele dia curiosamente delicioso nos oferecia tudo aquilo que nossos sentidos mais apreciavam: o sutil e nostálgico aroma dos pinheiros, o silêncio que nos deixava perceber as tênues vibrações do som universal, somente quebrado vez ou outra por um esquilo em busca de seu alimento, as cores com seus matizes, o clima e, mais do que tudo isso, a graça de estar ali, podendo apreciar o que nos estava sendo oferecido.

– Eu poderia ficar o resto da minha vida aqui, apreciando essa magnitude de circunstâncias, disse.

– É?

– Moira, eu estou quase em êxtase, deslumbrado com a natureza, e você diz simplesmente: "é"?

– É!

Senti por suas respostas que alguma coisa séria estava por vir. Lembrava-me o recuo das águas do mar momentos antes de o Tsunami estourar.

– Tron, a primeira parte, a exaltação do belo e

o reconhecimento, está perfeita. . Concordo inteiramente com você. As conclusões e possibilidades em função disso é que foram precipitadas, principalmente vindas de um físico nuclear.

– E o que você tem contra físicos?

– Nada, inclusive acho que eles são muito úteis. Gosto deles, sim.

Moira tinha a capacidade de deixar-nos sem saber, ou melhor, de deixar oculto o limite entre a seriedade e a ironia. Sem esperar questionamento sobre a seriedade do que havia dito, continuou:

– Paraísos são temporários, Tron. Duram em média um fim de semana ou talvez um período de vinte dias de férias, e olhe lá! Mais tempo que isso, tudo o que é belo passará a ser enfadonho, embora continue a ser belo. Lembra-se do náufrago daquela ilha paradisíaca que se desesperava ao saber que ficaria lá pelo resto de sua vida? Ou ainda daquele filósofo que gostaria de morar em sua casa de praia?

O paraíso só é paraíso quando se contrapõe a uma situação rotineira ou desagradável. Depois de um tempo no paraíso, você estará procurando um super-paraíso. Ou mesmo o que era desagradável antes você começará a achar que não era tão desagradável assim. O avião, Tron, precisa de vento contrário para decolar...

Paraísos são necessários para quebra de condutas ou hábitos. Uma dosagem muito alta de paraíso pode fazer pender o braço da balança para o lado oposto. Precisamos estar constantemente contrabalançando e equilibrando todas as idéias, sentimentos e ações, lançando mão dos opostos.

— Um assunto que poderia ser tão interessante e poético, você o coloca de forma tão dura, Moira.

— Olhe só quem fala! Um físico citando poesia e doçura!

— Não concordo com o que você disse. Enquanto vigorava a Física clássica, até poderia haver fundamento nisso que você afirmou. Mas, a partir de Einstein, Bohr, Heisenberg, Capra, é possível percebermos poesia e, por que não, religiosidade e entusiasmo na Física!

Moira limitou-se a sorrir com aquele sorriso que todo aluno gosta de receber. Passados esses agradáveis momentos, disse:

— Vamos aproveitar o assunto e a sua predisposição para irmos um pouco além da idéia de paraíso. Se usarmos a lógica – instrumento que é um delírio para os físicos clássicos –, poderíamos inferir que, se realmente houve um Big-Bang, houve uma liberação incomensurável de energia, fazendo com que aquela massa concentrada se espalhasse em todas as direções. Por um efeito elástico, no momento em que essa energia de expansão cessasse, a energia de atração da matéria começaria a atuar, tão incomensuravelmente quanto a de expansão no momento da explosão. Assim, haveria uma retração e todo o universo voltaria a se concentrar em um ponto. Em outras palavras, poderíamos dizer que haveria uma volta à unidade.

Um aparente repouso, que encerra uma energia inimaginável. Essa energia, em dado momento, produziria um novo Big-Bang, que produziria um novo universo e assim sucessivamente. Está coerente, Tron?

— Sim, claro, e muito bem afirmado. Isso que você

disse foi uma das grandes descobertas do século passado, como você sabe. Ter-se a consciência de que o universo está em expansão e não extático. E, quanto a essa reunião de energia em um ponto, foi-lhe dado o nome de Big-Crunch (grande-esmagamento). Só não entendo o que isso tem a ver com paraíso.

– Aguarde um pouco que chegaremos lá. O conceito de unidade está presente no misticismo/esoterismo com o nome de Deus, Absoluto, Uno, Tao e centenas de outros nomes. Esotericamente, é a idéia de uma realidade única que se completa em si mesma, concentra toda a energia, que também é única. Essa realidade única, não manifestada, encontra-se em estado de repouso ou passivo, também conhecido como Pralaya ou noite de Brahma.

Moira continuou com tanto entusiasmo que me contagiou. Segui suas idéias com interesse e, por que não confessar, com curiosidade científica. Comecei a entender o paralelo que estava sendo tecido.

– Ciclicamente, Tron, parte dessa unidade sai do estado de repouso e se manifesta, criando assim uma dualidade, ou seja, um estado de oposição, passando a ser ativo por princípio, o que se convencionou chamar lei da polaridade ou dualidade. A unidade é absoluta e real. A lei da polaridade é relativa, pois existem dois pólos a percorrer. A realidade assim dividida passa a ser chamada por muitos de irreal, ilusão, maia etc.

Partindo da lei de polaridade, todas as leis e princípios que dela derivam são duais, a saber, ação e reação, gravidade, causa e efeito, lei dos ciclos, carma, reencarnação etc. No taoísmo, a dualidade está presente pela irradiação de dois princípios opostos: yin-yang, denominações já bem conhecidas por nós, ocidentais. Essas alternâncias entre os pólos devem sempre buscar o ponto de equilíbrio, para equilibrar o universo. A lei da dualidade está presente em tudo que é manifestado, por exemplo, homem-mulher, claro-escuro, atração-repulsa, vida-morte, prazer-dor. A oposição é a resistência que a consciência precisa para evoluir. É um reagir constante e ininterrupto. Entendeu por que a vida não pode ser somente um paraíso?

– É como matar um leão por dia? perguntei.

– Não. É matar um leão a cada ato ou pensamento.

– Moira, vamos tomar um chocolate no hotel?

– Com prazer.

CAPÍTULO XXIX

Dr. Gibert Roger

Tão logo chegamos ao hotel, encaminhamo-nos ao bistrô e, de relance, notamos não haver mesas disponíveis. Dispusemo-nos a aguardar e fomos a um canto do salão, pois assim não atrapalharíamos a dinâmica do local.

Virei-me para Moira:

– Fiquei remoendo durante o caminho. Essa lei da polaridade... é mesmo abrangente, pode mesmo explicar muitas coisas – comentei de forma animada.

Tão logo terminei de falar, ouvi ao meu lado uma voz e, voltando nossos olhares naquela direção, reconhecemos, sem muito esforço, tratar-se daquele senhor bem vestido, usando terno e gravata. Seu rosto apresentava traços visivelmente ibéricos, barba escanhoada e seus gestos e atitudes eram tão elegantes e nobres quanto sua aparência. Era ele quem estava na última poltrona da fileira que ocupávamos no trem. Dirigindo-se a nós, ao mesmo tempo levantava-se:

– Por favor, faço questão de que me acompanhem.

– Será um prazer e muito obrigado! Pelo aconchego deste local, acredito que ninguém tão cedo iria embora – comentei.

Imediatamente, puxou uma cadeira para que Moira se acomodasse e sentamos os dois em seguida. Estendendo a mão, ele apresentou-se:

– Meu nome é Roger, Gibert Roger. Médico formado pela Universidade de Madri. Permitam-me dizer-lhes que já os conheço pelos calorosos debates que empreenderam durante a viagem.

– O senhor foi o único daquele vagão que não tomou parte da conversa. Por que não se juntou a nós? perguntei.

– Tudo tem sua hora – respondeu.

– O senhor está viajando a passeio ou a trabalho?

– Sempre estou pronto a atender os que de mim precisam, quando sou solicitado.

– Quanto tempo pretende ficar por aqui? Certamente dará uma esticadinha até as Montanhas para esquiar, estou certo?

– Ficarei o tempo suficiente. Tenho certeza de que minha permanência será curta e de que meu trabalho será fácil. Serão apenas alguns ajustes de conceitos, uma vez que a base já está pronta. Infelizmente, desta vez não terei tempo para esquiar.

O doutor Roger expressava-se com voz clara e parecia ser uma pessoa metódica, pela forma como expunha suas idéias. Pedimos três chocolates quentes e, tão logo os experimentamos, dirigiu-se a mim, perguntando:

– Você tem a exata noção do significado de seu último comentário à sua amiga?

– Ah, sim, polaridade, não é a isso que o senhor se refere? Acredito ter uma limitada noção da extensão de sua importância e sei também que está presente em toda manifestação.

– Aqueles que têm a capacidade de entendê-la com certa profundidade – disse ele – podem operar aquilo que a humanidade convencionou chamar de milagres. Em vista disso, se todos tivessem, por exemplo, o conhecimento da lei de causa e efeito, entre outras tantas decorrentes da lei de polaridade, a medicina poderia estar restrita ao atendimento aos acidentes ou doenças acidentais.

– Mas... esse conhecimento não está disponível para todos?

– Sempre esteve e sempre estará, enquanto houver dualidade. Porém, sua aplicação de forma evolutiva termina quando começa a inexpugnável parede do livre-arbítrio, que tem levado a humanidade a cultuar um dos vilões dessa história: os hábitos.

– Como se pode usar a lei de causa e efeito de forma evolutiva?

– Usando os pontos positivos e negativos para buscar o equilíbrio. Completando o que estava dizendo, os hábitos impostos criam um véu à vista do indivíduo. Um hábito, de certa forma, induz a um rito e, parece-me ter ouvido alguém dizer no trem, um rito, por sua repetição, passa a ser uma verdade, lembra-se?

Hoje, o poder, por intermédio dos meios de comunicação, faz o possível para separar a causa do efeito, com a finalidade de melhor controlar a opinião geral. Os apelos publicitários determinam, impõem e cobram hábitos na forma de vestir e de alimentar, impõem comportamentos sociais, padrões morais etc. Fica, assim, difícil estabelecer relações de causa e efeito para a grande massa das pessoas. Apesar disso, as leis ou a Lei que rege todo o Universo continua disponível, embora as burradas feitas por nós.

— Qual é seu ponto de vista sobre o tratamento, prevenção e cura das doenças, já que o senhor é médico?

— É tão simples que se resumiria em uma só idéia, uma só palavra: equilíbrio. Só isso.

— A essência da idéia, claro, eu compreendo. Mas o que poderia ser dito a uma humanidade controlada e treinada para executar hábitos pré-determinados? Dizer simplesmente equilíbrio... talvez não baste. A maior parte dela não tem a mínima noção do que seja isso e sabemos que causas e efeitos, nesse nível de consciência a que nos referimos, são inexistentes.

— Eu diria, em primeiro lugar, àqueles que estão dispostos a melhorar ou talvez a curar-se de males ou doenças, que deveriam aceitar e promover, antes de tudo, mudanças drásticas em seus hábitos. É de se supor que, se alguém ficou doente, é porque alguma coisa nele interagiu negativamente, quebrando o natural equilíbrio, caso contrário, talvez não ficasse.

Em segundo lugar, continuou, todos nós deveríamos ter conhecimento de que existe uma só energia em todo o universo. Essa se subdivide e assume várias nomenclaturas, dependendo de sua utilização e de por onde ela deve fluir. Para responder a sua pergunta, no organismo animal existe um processo chamado metabólico, responsável pelas funções de digestão, absorção, assimilação, secreção e excreção. O perfeito funcionamento metabólico propicia uma circulação natural da energia vital, que é responsável pelo processo de funcionamento do organismo vivo.

O médico deu uma pausa. Tomou um grande gole de seu chocolate, olhou para Moira e trocou com ela algumas palavras que o ruído de louças, na mesa ao lado, impediu-me de ouvir. Devolvendo sua xícara sobre o pires, continuou:

– O conceito de equilíbrio, como já foi dito, é imprescindível e fundamental também quando se fala em saúde. Existe uma opinião bem ampla sobre o aparecimento das doenças, relacionando-as à ausência de equilíbrio no corpo. Conseqüentemente, a energia vital deixa de circular naturalmente.

– E o que é natural? perguntei.

– É toda filosofia que leva implícita uma idéia de evolução ou progresso, tanto na ordem física quanto na metafísica. Dessa forma, a primeira das leis naturais é a evolução. O organismo humano é uma unidade, um corpo vivo, com um determinado trabalho funcional que mostra dependência mútua entre seus diversos órgãos, que adoecem por partes, mas propagam o mal uns sobre os outros. Cabe ao homem, e somente a ele, cuidar de seu organismo como se fosse um universo.

Não é possível a imunidade, continuou, sem a estreita colaboração de todo o organismo, sem a perfeita relação inter-orgânica e sem a existência da unidade funcional.

– O senhor havia dito que hábitos e outras coisas interferem negativamente na saúde. Que são essas "outras coisas?"

– Ouvi, no trem, muitas conversas sobre circunstâncias... Pois é, nossa saúde também é determinada pela forma como a administramos e nos comportamos perante elas. Composição de circunstâncias podem gerar essa ou aquela doença. Vamos falar de forma mais prática: em nosso organismo, circulam bactérias de vários tipos de doenças, inclusive células anormais, cancerosas. Qualquer desequilíbrio causado por uma queda no metabolismo pode propiciar a proliferação de uma ou outra bactéria, ou mesmo desenvolver um câncer. Vamos pegar o câncer como exemplo: as células cancerosas que circulam em nosso organismo são automática e constantemente destruídas por nosso sistema imunológico. Fatores emocionais e mentais podem influir negativamente. Um estresse emocional pode inibir o sistema imunológico proporcionalmente à sua intensidade, além de causar desarranjos hormonais, aumentando as células cancerígenas. No processo mental, vamos nos lembrar daquela frase que diz: "o homem é aquilo que pensa". Se ele é hipocondríaco, por exemplo, e está convencido de que tem ou terá uma determinada doença, criará uma situação favorável à sua proliferação.

Eu estava cada vez mais interessado no que ouvia e fazia o possível para não interrompê-lo, pois não queria quebrar a linha de raciocínio que se estabelecia entre nós.

– Os fatores externos, prosseguiu o doutor, podem ser decisivos na proliferação, no agravamento, ou mesmo atenuação e cura de uma doença. O fumo, a má alimentação, o álcool, falta de ritmo e harmonia nos hábitos podem ser citados como alguns exemplos. Por outro lado, hábitos saudáveis, como a prática regular de esportes, boa alimentação, a criação de um ritmo de vida compatível com o ritmo natural, o descanso nas horas certas poderão evitar ou atenuar uma doença, seja ela grave ou não.

– E tudo isso pode ser colocado na conta das circunstâncias, não é?

– Sim, as circunstâncias é que promoverão o correto fluir da energia vital pelo organismo quando devidamente equilibrado, colocando-o em harmonia com você próprio. É por aí que deveríamos começar a consertar este nosso planeta. Parafraseando alguns autores que aprecio, poderíamos dizer que o consentimento para a saúde ou doença, felicidade ou infelicidade, riqueza ou pobreza é inteiramente seu. É você quem gerencia essa lei da polaridade, expressa das mais diversas formas.

Terminamos de tomar o chocolate, observando a calma e branca paisagem através da janela, emoldurada com pequenas cortinas de renda estilo *country*. O doutor Roger pediu-nos licença, levantou-se, ajustou levemente o nó da gravata, mais por hábito do que por necessidade, e despediu-se de nós, dizendo um significativo "até breve".

CAPÍTULO XXX

A Montanha Vermelha

Permanecemos, Moira e eu, por mais algum tempo naquele bistrô, pois tínhamos na verdade todo o tempo que quiséssemos. Quebrando o silêncio, perguntei-lhe se já havia ouvido falar sobre a Montanha Vermelha.

– Como você soube de sua existência? Você teve algum convite para visitá-la?

– Convite, não, mas vi, dentro do guichê da estação de trem, um esquema que indicava a próxima parada, que seria a estação da Montanha Vermelha.

– Claro que é um convite! exclamou ela. E quando você pretende ir lá?

– Não pensei em ir até lá. Por que iria?

– Por que não iria? disse, sobrepondo suas mãos às minhas.

– Olhe, se quiser, Tron, eu providencio seu transporte até lá. Espere um momento aqui.

Sem esperar minha resposta e sem que eu tivesse

241

sequer tido tempo para pensar, levantou-se e saiu do recinto. Voltou quase em seguida, com um papelzinho na mão.

– Tome, disse ela, aqui está o seu passe, que dá direito ao transporte de ida e visita ao interior da montanha principal.

– Puxa, você me pegou de surpresa! E quanto tempo teremos até essa nossa viagem?

– O tempo necessário para saborearmos esse delicioso chocolate, porque o veículo já o estará esperando no estacionamento do hotel.

– Ué... pensei que iríamos de trem ou em meu carro alugado. Acredito mesmo que seria melhor, pois ficaríamos com mais liberdade de ação, podendo sair ou ficar o tempo que bem entendermos.

– Em primeiro lugar, Tron, na área que circunda essa montanha, só veículos autorizados podem entrar, e, em segundo, eu não irei com você. Tenho de ir à cidade fazer algumas compras.

Terminamos o chocolate e dirigimo-nos ao estacionamento, que ficava bem atrás do hotel, e lá estava um automóvel antigo, bem conservado, com um suposto motorista sentado no capô do carro. Moira me disse para ir até ele, para combinar melhor os detalhes. Lá chegando, percebi que fortes traços orientais compunham a sua fisionomia. Ele se dirigiu a mim, dizendo:

– Senhor Tron, estava esperando-o há algum tempo.

— Sim, sim, mas antes vou despedir-me de minha amiga.

Ao virar-me, ela já não estava mais lá. "Quando voltar, comentarei esse fato com ela", pensei. Entrei no veículo no banco da frente, ao lado do motorista, que habilmente manobrou o automóvel para sair do estacionamento.

Rapidamente estávamos em uma estrada vicinal, à semelhança daquelas muito comuns na Europa, que, além da vantagem de não serem extorsivamente pedagiadas, são muito mais aconchegantes. Era estreita, porém bem pavimentada. Dirigi a palavra ao motorista, perguntando se iria acompanhar-me na visita ao interior da montanha. Respondeu-me que não. Perguntei, então, se ele me esperaria para voltarmos ao hotel.

— Estaremos sempre juntos, senhor, pode confiar — respondeu-me laconicamente.

Nada mais foi dito nem perguntado até nossa chegada ao sopé.

Sem que esperasse, estacionou o carro num local relativamente inóspito, avisando que havíamos chegado.

— Aqui?

— Sim, aqui.

— Mas, onde é a entrada que dá acesso ao interior? perguntei, varrendo com a visão todas as possibilidades.

— Senhor Tron, se o senhor chegou até aqui certamente isso não será problema.

Saltei, e imediatamente ele partiu. Imaginei que tivesse ido procurar um local mais agradável e propício para me aguardar.

Displicentemente, comecei a andar para cá e para lá, cada vez aumentando o percurso. Cheguei até a pensar que, se aquele lugar era um complexo temático, deveria haver mais avisos para os turistas. O frio começou a apertar e minha displicência começou a transformar-se em vontade. Rapidamente estava fatigado e, cada vez mais, ansiava por encontrar a entrada que me levaria ao interior da montanha, que não deveria se ressentir com as mudanças de temperatura.

Sentei-me numa pedra nas proximidades de onde havia desembarcado. Fechei os olhos e, não sei por que, veio-me à mente a imagem do picotador de bilhetes dizendo-me: "nada é o que parece! Não se esqueça do mais importante". Concentrei-me nessas duas frases de maneira quase que repetitiva. Percebi que o frio incomodava-me menos. Estava com os braços cruzados e, à semelhança do que aconteceu no teleférico, foquei as tramas do grosso tecido do casaco de náilon imaginando-o um labirinto. Quando acabei essa brincadeira, levantei a cabeça, olhei para frente e pude divisar uma grande porta fechada, tão vermelha quanto a montanha. Talvez pela falta de contraste eu não a tivesse percebido antes. Levantei-me e fui em sua direção. Empurrei a porta e um leve ranger dos gonzos quebrou aquele silêncio. Ela abriu sem dificuldades.

Entrei e caminhei por um corredor que media uns 60 ou 70 passos, nitidamente encravado na montanha, mais parecendo uma mina de extração de carvão, à semelhança das *houillères* situadas na Escócia, exploradas pelos ingleses no início do século passado. Pela corrente de ar que vinha na direção oposta à minha, percebi que havia outras saídas, ou pelo menos galerias menores que se comunicavam com o exterior. O vento que batia em meu rosto contrastava com o gelado ar externo, que era morno e, de certa forma, bem-vindo, trazendo junto um leve odor ácido-adocicado. No final do corredor, deparei com uma encruzilhada típica de final de caverna em filmes de aventura, que oferecia-me três opções. Escolhi a passagem central, pois era a que, aparentemente, dava continuidade ao caminho que já percorria. Não estava totalmente escuro e a pouquíssima claridade existente, aliada ao generoso dilatamento de minhas pupilas, era suficiente para que eu caminhasse sem dificuldades.

Subitamente, tive a sensação de estar sendo seguido ou vigiado. Parei, virei-me e olhei em todas as direções. Andei mais alguns passos, tentando divisar algo, mas nada percebi. Continuei então por aquele misterioso caminho.

As paredes ora eram de rocha pura e ora de terra. Não era bem terra, mas um tipo de rocha que se esfarinhava quando pressionada pelas mãos. Todos os ruídos eram absorvidos por essas paredes. Fiz a experiência de estalar algumas vezes os dedos. O silêncio fazia pressão nos ouvidos. Lembrei-me de sensação semelhante quando subia em elevadores de edifícios em dias de mudança, quando então colocavam pesadas mantas de pano, tipo edredon, para proteger suas paredes. Curioso pensamento para aquele momento!

Pensei em voltar, mas a sensatez dizia-me para ir adiante. Não havia nada, nem ninguém ali e, com um misto de ansiedade e medo, dediquei-me a uma concentração profunda, tentando me acalmar e entender por que me havia metido nisso. Refletindo, lembrei a mim mesmo que aquele local era conhecido por Moira, tanto que tinha sido ela quem praticamente me colocara ali. Eu próprio tinha visto um esquema indicando que havia uma estação de trem nas imediações da montanha. O motorista deixou-me no lugar certo. Então... devia ser assim mesmo. Desde que conheci Moira, incessantemente ela me puxava para novos conhecimentos, lembrando-me de que eu podia e devia aumentar meu nível de percepção. "É por aí mesmo", concluí. "Essa situação não é uma brincadeira, assim como essa montanha não é um parque temático. O que é ainda não sei, mas sei que minha postura diante de tudo isso deveria ser diferente".

Mantive-me por alguns momentos parado, até que minhas expectativas se esvanecessem. Olhei novamente ao meu redor e, poucos passos à frente, à minha direita, pareceu-me identificar uma porta, como realmente era. Concluí rapidamente que os resquícios de minha displicência somados às expectativas estavam me induzindo a um grau de percepção insuficiente para sintonizar-me com aquilo que estava disponível em vibrações mais sutis e, nesse caso, essa percepção apresentava-se sob a forma de uma porta. A idéia de voltar estava terminantemente deletada.

Levantei uma tramela, dessas que travam automaticamente por fora quando a porta é fechada, não permitindo sua abertura pelo lado interior. Empurrei-a, à semelhança da porta que dava acesso à montanha, sem dificuldades, apesar de seu peso. Ao cruzar o portal, deparei com uma rampa não muito inclinada. Avancei dois passos à frente, numa superfície ainda horizontal, antes do início da rampa. Na parede esquerda, por uma bica, corria um fio d'água. Soltei a porta que, pesadamente, fechou-se num ruído forte e surdo. Não olhei para trás, sabia que não poderia abri-la caso quisesse e fui em frente, galgando aquela rampa um pouco escorregadia pela presença de umidade em sua superfície. Deveria estar atento, caso quisesse manter-me em pé.

Uma claridade vinda da parte superior da rampa fornecia iluminação necessária e suficiente. Quando já estava na metade do caminho, levei em conta a possibilidade de sentir sede e senti-a como era de se esperar. Pensei em voltar para saciá-la na fonte da entrada. Mas, em função da relativa dificuldade da subida, e levando em conta o que já havia conquistado, alguns goles de água não me fariam voltar. A sede, como qualquer outro tipo de sede, quase sempre é perfeitamente suportável, basta não fortalecê-la.

A luz ia ficando cada vez mais forte à medida que me aproximava do topo. Com minha visão periférica, algo pareceu-me brilhar à direita. Voltei-me. Aquilo se assemelhava a um pedaço de vidro ou espelho atraindo-me a atenção e veio-me a vontade de constatar melhor o que era. Como a umidade no chão era maior nas laterais, o limo acumulado fazia que o piso se tornasse mais escorregadio. Ato contínuo foi o de escorregar e cair, só conseguindo segurar-me, a duras penas, nas fendas e ranhuras do chão. Mesmo assim, desci algumas dezenas de passos.

Recomecei a subida agora com ânimo redobrado, o que me permitiu chegar logo ao topo. Lá chegando, um espetáculo grandioso descortinou-se à minha frente. Era uma imensa caverna, altura de um prédio de vinte andares, assemelhando-se mais a um imenso circo, devido ao ambiente aparentemente circular. O chão era plano e recoberto por areia avermelhada. Ainda não conseguia detectar de onde vinha aquela deliciosa luminosidade que oscilava entre o vermelho e o azul e banhava, por igual, todo o local. Isso me permitiria um fácil deslocamento naquele recinto. No entanto, a visão da abóbada não era nítida.

Ainda parado junto à porta de acesso, estava em dúvida para onde ir e qual direção seguir. Uma tênue reverberação, mais sentida do que ouvida, preenchia o grande ambiente e era expressa por um harmonioso acorde, dando a impressão de que a caverna funcionava como um amplificador do som universal*. "Que estranho local este !" pensei. Até então, não havia vestígios aparentes de vida animal ou vegetal. Nem mesmo morcegos ou corujas, tão comuns em cavernas desse tipo. Cruzei aquele imenso picadeiro por sua parte central e contei algo como cento e quarenta e quatro passos de uma parede a outra.

---

* Arno Penzias e Robert Wilson, físicos norte-americanos, receberam o prêmio Nobel de Física em 1979, pela descoberta que fizeram em 1964. Nessa época, faziam experiências com uma imensa antena, fabricada para detecção de sinais fracos de rádio. Um ruído contínuo atrapalhava suas pesquisas, qualquer que fosse o posicionamento da antena. Aparentemente, o sinal vinha do espaço. Juntamente com a Universidade de Princenton, chegaram à conclusão de que esse sinal tratava-se da "radiação cosmológica de fundo", devida à reverberação do Big-Bang ocorrido há quinze bilhões de anos.
Seria esse o som universal afirmado por milenares religiões orientais?

CAPÍTULO XXXI

Montrouge

O que me intrigava, dentre outras coisas, é que o chão não podia ser natural. Algo ou alguém o havia aplainado. As vibrações eram sentidas por mim de forma mais atenuada, ou então começava a me sintonizar melhor com elas.

Perambulava agora junto às paredes, com intenção de encontrar uma porta ou saída diferente daquela por onde eu havia chegado. Qual minha surpresa! Após ter dado um giro completo pelo perímetro do salão, não conseguia encontrar nem mesmo a referida porta. Cruzei em pontos diferentes aquele picadeiro, sempre passando pelo centro, cuja marca era uma estrela de seis pontas. Como nada podia fazer nem resolver, sentei-me no chão, lembrando-me de algo que havia lido certa vez [33]: saber jejuar, ser paciente e saber pensar eram as três virtudes importantíssimas de um homem. Era isso que eu precisava ouvir de meu pensamento naquela ocasião.

Já não percebendo mais a vibração ambiente, abandonava aos poucos as idéias tridimensionais do tipo *nada é o que parece,* para poder acreditar naquilo que presenciava, já sabendo que, daquele momento em diante,

---
[33] HESSE, Hermann. *Sidarta.* 27ª ed. RJ: Record.

estaria me confrontando com novas realidades que, numa visão relativista, poderiam ser classificadas como intrigantes, diferentes e paradoxais. Principalmente diferentes, pois nada disso conseguia relacionar-se com a mente lógica, analítica e concreta. Defrontava-me com novas leis, outras vibrações, outra consciência, enxergando nitidamente quais tipos de amarras ainda deveriam ser desvencilhadas. Daquela profunda solidão, extraía todo o amparo, ajuda e compreensão que jamais havia tido.

Imerso nessas idéias, pressenti uma presença do meu lado direito. Virando lentamente a cabeça e começando a olhar para cima, levantei-me, colocando-me à frente daquele ser.

Era uma figura que se assemelhava a um druida celta, vindo diretamente do século X, ao menos da forma como o conhecemos através dos relatos disponíveis que conseguiram sobreviver ao vandalismo insensato dos homens.

Alto, com largas omoplatas, esbanjava vigor. Nariz grande, porém não adunco, pouquíssima barba, aparentava uma idade Física não definida. Trajava uma túnica branca de mangas curtas.

Nada dissemos. Tudo que fosse dito soaria como supérfluo ali. De minha parte, era necessária uma adaptação àquela forte presença vibrando em outro diapasão. Sem modificar sua dura expressão, colocou sua mão direita em meu ombro esquerdo e disse, com extrema bondade, em voz grave e segura:

– Seja bem-vindo, visitante. Tenho-o esperado.

– Esperado?

– Por várias ocasiões, nós lhe demos a mão, mas seus dedos estavam cheios de anéis e suas atitudes, à semelhança de uma gravidez psicológica, nada trouxeram à luz. Mas isso não vem ao caso no momento. A propósito, como teve conhecimento deste local e como chegou até aqui?

– A primeira vez que ouvi falar da Montanha Vermelha foi por um rapaz que encontrei em um trem, de nome Nort. Depois, vi casualmente, dentro do guichê de venda de passagens na estação do Hotel Internacional, um esquema indicando qual seria a próxima estação.

– Casualmente?

– Penso que sim. Depois disso, aconteceram algumas coincidências e facilitações que me conduziram até aqui.

– Ah, sim! Sincronicidade. E agora que você está aqui, o que deseja de nós?

– Ir adiante – respondi num impulso. Confio na sua medida, senhor.

– Nem deus, nem senhor! – replicou ele, aumentando ligeiramente o tom de voz, denotando certa aspereza.

Assustei-me num primeiro instante, pois sem querer proferi as palavras que são as palavras de ordem dos anarquistas. Mas, após uma rápida reflexão, percebi que o sentido empregado fora outro, assim como a intenção, a de mexer com meu racional. Depois, voltou a se expressar como antes:

– Para alguns, sou conhecido como Montrouge, o criador de Labirintos.

Talvez a sua grande objetividade o fizesse um pouco duro em suas expressões. Eu devia estar temeroso, como, aliás, estava um pouco, mas a confiança transmitida por aquele ser era-me plena. Do seu ombro direito, pendia uma sacola de pano grosso, cor ocre. Nela, Montrouge enfiou a mão e ouvi um tilintar metálico. Tirou a mão cheia daquilo que eu achava que pudessem ser: moedas. Acredito até que, propositalmente, acentuava o tilintar, tentando me distrair. Mas, até então, meu olhar concentrava-se no dele, sem que a menor curiosidade pudesse desviá-lo. Estávamos separados por uma distância de dois passos. Lentamente, foi levantando sua mão direita até então fechada e a interpôs entre nossos olhares. Ficou, por momentos, imóvel nessa posição, quando, desfocadamente, percebi que tinha aberto a mão, com a palma virada para cima. Simultaneamente, perguntou-me:

– O que vê?

De imediato, respondi:

– Na profundidade de seus olhos, vejo repousar a irrebatável energia do fogo criador, fonte inspiradora. Vejo também dois faróis prontos a guiar-me, alimentados pela bateria do conhecimento.

Mantendo sua mão impassível entre nós, perguntou-me:

– O que mais?

– Um caminho, respondi, sentindo-me dinamizado por aquela irrebatável energia inspiradora.

Lentamente, foi abaixando sua mão, recolocou as supostas peças metálicas na sacola e, sem desviar o olhar, dirigiu-se a mim com os braços abertos e com a dura expressão irradiando alegria:

– *Dans mes bras!*

Após aquele longo e quase paternal abraço, afastou-se e, sem que eu esperasse, disse-me:

– São dois os labirintos. São duas as portas. Mas o caminho é um só. Só um dá continuidade ao outro.

Novamente estava sério. Naquela situação, nem sei como tive tempo para pensar sobre sua eclética fisionomia, que ora apresentava-se sisuda, ora externava a mais sincera alegria. Estranha combinação de expressões radicais que tinha, como resultado, um perfeito equilíbrio. A seguir, continuou:

– Você tem a opção de escolher qual caminho seguir! E apontou-me para os dois portais diametralmente opostos, incrustados naquele imenso circo. E continuou:

– Visitante, é chegado o momento de sua consciência fazer a opção. Ela e só ela deverá fazer a escolha. Faça aquela que estiver compatível com seu grau de vibração. Dessa forma, o caminho, seja ele qual for, não oferecerá problemas.

– E que caminhos são esses?

– Refiro-me aos labirintos, símbolos metafóricos do auto-conhecimento. Na porta que fica à sua esquerda, temos o que chamamos de labirinto circunstancial, no qual, como a palavra diz, você estará sujeito aos mais diversos tipos de circunstâncias. Ele tem uma entrada e uma saída em algum ponto. Para cruzá-lo, porém, você terá de usar seus atributos físicos, como a força, a destreza, a agilidade e resistência, para passar através das cavernas e dos pântanos; subir em paredes de pedra, passar por portas de pouco mais de um palmo de altura. Também será colocado à prova. Seu equilíbrio emocional, para que não se descontrole, não sinta medo, frustração ou desespero. Também serão oferecidos vários tipos de prazeres que lhe estarão disponíveis e que, da mesma forma, deverão ser administrados por você. Sua inteligência ativa e racional servirá como um fator de equilíbrio, além de lhe indicar qual caminho seguir face às inúmeras bifurcações do percurso.

Nesse percurso está incluída a possibilidade da morte, mas se, quando estiver dentro do labirinto, não souber que direção seguir, olhe para cima. Às vezes, pode acontecer de o labirinto não ter teto e, sendo assim, como opção sua, olhe para as estrelas, que elas o conduzirão.

Uma vez superados os obstáculos, você terá achado a saída e estará em condições de percorrer o outro labirinto, caso queira. Alguma dúvida? – perguntou-me.

– Não. Foi a melhor forma que encontrei para expressar-me, pois neste caso eu tinha todas... ou nenhuma.

– A porta que fica à sua direita conduz ao labirinto concêntrico. Não existe saída e não lhe são exigidos os atributos necessários para atravessar o outro labirinto. Supõe-se que esses atributos já tenham sido transcendidos ou queimados.

O que será exigido será uma concentração absoluta e cada passo deverá ser dado de forma consciente, atentando inclusive para cada partícula que compõe o chão onde você pisa. O ritmo de seus passos, sua velocidade de deslocamento, o posicionamento no labirinto, sua orientação com relação aos quadrantes, além de outros fatores... você mesmo terá de descobrir. Pura intuição. Nessa transcendência de pensamentos, você será conduzido até o seu âmago, o centro do labirinto. Não existem bifurcações, porque o caminho é único. Não existirão estrelas, pois você estará voltado para dentro de si, onde a luz é infinitamente suficiente para guiá-lo.

– E não existe possibilidade de morte?

– Neste labirinto, a morte não chega a ser considerada um fator importante, mas você não tem de se preocupar. Enquanto estiver concentrado, suas vibrações serão compatíveis com a vibração dominante. Somente no caso de distrações ou devaneios é que pode haver algum incômodo, pois você não suportará a carga criada pela dissonância.

– E, sendo bem sucedido, o que me espera no centro do labirinto?

– De qualquer forma, você não terá lembranças que possam estar registradas em seu cérebro, digamos... físico, que é a melhor palavra que agora encontro. Essa experiência estará disponível somente em essência. Para responder a essa sua pergunta, devo enfatizar o que é conhecido como salto no escuro, caminho do fogo e outros tantos nomes. Pois bem, ao chegar lá, você entenderá o real significado da palavra busca.

Sem pestanejar, respondi:

– Eu escolho a porta da direita, porém fica-me uma dúvida: eu não deveria passar antes pelo primeiro labirinto para depois passar pelo segundo ? Talvez eu não tenha entendido bem a seqüência.

– Visitante, em várias ocasiões você já passou pelo primeiro labirinto, demonstrando sua capacidade de fazê-lo, embora tenha sucumbido algumas vezes. Houve sempre um detalhe importante: você nunca quis ir adiante, porque sempre se embevecia com suas vitórias, nunca optando por prosseguir. Digo-lhe: agora você tem o direito de optar.

Olhando para mim, disse:

– Sente-se no chão, de tal forma que as laterais de seu corpo fiquem direcionadas para as duas portas.

Fiz o que foi pedido, ficando o lado esquerdo voltado para o labirinto circunstancial e o direito, para o labirinto concêntrico.

– Agora, feche os olhos e mantenha sua coluna ereta.

Depois de poucos momentos, ele colocou a palma de sua mão direita em meu peito, pressionando-o com um forte toque. Senti, imediatamente, como se um fio elétrico houvesse encostado em mim, fazendo passar sua vibração ou pelo menos parte dela por todo meu sistema nervoso. Retirou sua mão, aguardou um pouco e perguntou-me:

– Então?

Levantei minha mão direita, apontando a respectiva porta.

Ele pediu que eu me levantasse, encaminhando-me a ela. Parado defronte da passagem, olhei para o lado e ele indicou-me com um gesto que eu a abrisse e entrasse. Entrei e, até que ela se fechasse, sua figura permaneceu em pé e impassível. Não houve despedidas.

A escuridão era absoluta, portanto não tinha ponto de referência para começar. De nada adiantaria perambular, não tendo indícios de onde começaria. Minha mente, acostumada a salvar-me de situações difíceis, tornava-se inoportuna. De pé, parado, resolvi sentar-me. Após alguns momentos, uma tênue luz manifestou-se. Era suave, estabilizando-se numa intensidade perfeitamente adequada à situação. Estava de olhos fechados, mas logo percebi que era indiferente abri-los ou não. Levantei-me e desenhado no chão, estava o percurso que deveria fazer.

• • •

Depois disso, só me recordava estar deitado no chão de uma sala imensa. E só.

A primeira impressão era a de ter-me libertado de um grande peso que levava sobre a cabeça e, por mais que me esforçasse, não conseguia lembrar-me de nada referente ao percurso.

Imediatamente, ouvi a voz de Montrouge soando reverberante por todo o ambiente. Dizia:

– Tudo tem sua hora.

CAPÍTULO XXXII

Henil

Levantei-me lentamente, caminhando em direção à única porta existente. Achei estranho que Montrouge tivesse me dito que o labirinto não tinha saída. Mas, como isso poderia esbarrar na racionalização, fui em frente. A leveza e cristalinidade das idéias mostravam-me não estarem elas comprometidas com qualquer coisa, principalmente relacionamentos do tipo causa/efeito. Tudo era uma só idéia, que a tudo abrangia. Porém, percebi que o passeio ainda não terminara.

Abri a porta e, desta vez, o corredor não era tão longo. Logo cheguei a um espaçoso *hall*, onde, de pé, uma jovem mulher me aguardava. Alta, ereta, cabelos claros e curtos, aparentemente inexpressiva. Os sapatos de saltos muito altos contribuíam com a altiva postura da figura. Fitou-me durante alguns momentos com olhar vivo e sagaz. Consegui suportá-lo, o que me encorajou. Seguiu-se mais um hiato de silêncio quando ela disse:

– Olhe para sua direita.

Virei-me lentamente e deparei com uma parede contendo afrescos enigmáticos. Estavam ali pintados letras, cores, desenhos de animais e plantas, sinais e símbolos, números – que provavelmente seguiam uma combinação. Tudo era posicionado de forma a parecer um esquema.

– Você poderia explicar-me o que viu? perguntou-me em tom meigo, percebendo que eu já havia percebido o suficiente.

– Explicar-lhe talvez não. Mas sei que tem um profundo significado e, pela lhama desenhada, talvez arrisque dizer que tenha relação com o Tibete.

– É uma chave, ela me falou abaixando mais o tom da voz, e adicionou:

– Em breve você entenderá...

Fez então um elegante gesto para que eu a seguisse.

Fiquei ainda alguns instantes observando aquela parede, o que suscitou uma pergunta de sua parte:

– Está hesitante em prosseguir? O desconhecido o assusta?

Sabia que não precisaria de palavras para me expressar. Mesmo assim, disse:

– Sei que em mim, linda dama, tudo está contido. O universo, com tudo que ele contém, o bem e o mal, Deus e o anti-deus, a terra e o céu. Não há o que temer. Não conhecer não significa hesitar. Se a Energia Universal está trabalhando junto conosco, não existem dúvidas.

Ela repetiu o gesto, indicando que a seguisse.
Chegamos a um recinto que se assemelhava a uma espécie de laboratório, repleto de aparelhos que se misturavam a uma grande quantidade de velhos alfarrábios. Um cheiro forte e diferente, porém agradável, dominava o ambiente. Cruzamos a sala em sua extensão e entramos em outra. Para minha surpresa, havia uma imensa mesa posta, um "babettiano" banquete, no qual pratos artisticamente distribuídos apresentavam as mais diversas iguarias.

Ela parou, virou-se para mim, postando-se de forma estática. E, olhando-me fixamente, pegou algo semelhante a uma bandeja, sustentando-a com as mãos na altura de sua fina cintura.

– O que vê?

– A bondade e a alegria são os tijolos que construíram seu coração. Dentro dele, porém, vejo uma ferida aberta, devida ao sofrimento causado pela parcela da humanidade que ainda não consegue ver a Luz.

Ela, mantendo sua impassibilidade, disse:

– Tudo são vibrações. Tudo, manifestado ou não, são vibrações. A verdadeira busca é o constante movimento que leva ao aumento das vibrações. Aspirante, para alguns sou conhecida como Henil e digo-lhe que há apenas um caminho que leva aos resultados. Siga a sua intuição, uma vez que você aprendeu que "apenas aquilo que suporta a prova do fogo sai purificado".

Você, uma vez, assumiu ajudar essa enferma humanidade – prosseguiu – e, assim como eu, "ora et labore". Com esse compromisso, você começará a compreender que nada é tão individual quanto parecia ser antes.

Após ter permanecido em silêncio uns poucos instantes, prosseguiu:

– Convido-o a sentar-se à mesa.

Para sentar, havia toscos bancos com belas curvaturas que acompanhavam a da mesa, cada um em tamanho adequado para quatro pessoas.

Sentado, a uma certa distância um do outro, com suave gestual Henil fez com que eu me servisse. Eram muitos pratos diferentes e nenhum se relacionava com algo já conhecido. Aguardei que ela se servisse para então experimentar aquela estranha iguaria. Levei uma pequena porção à boca e experimentei o mais agradável e suave sabor que jamais sentira! Percebi que, além de sugerir uma cor, ele também sugeria um harmonioso e melodioso acorde, que perdurou enquanto degustava aquilo disfarçado em alimento.

Ela ofereceu-me a seguir outro prato e eu o aceitei com prazer. Era outro o sabor, totalmente diferente, porém a mesma suavidade e delicadeza. Esse também, à semelhança do primeiro, sugeria outra cor e novo acorde.

– Toda vibração, explicou-me com doçura na voz, forma sua substância, sua cor, seu sabor e número correspondente. Assim, nós nos alimentamos de vibrações. Cada tipo de alimento tem suas vibrações, desde as mais baixas até as mais altas. Cada indivíduo procura e se completa com o alimento compatível ao seu nível vibratório ou de consciência. As pessoas podem escolher: se querem ser alçadas para cima, permanecerem onde estão, ou serem puxadas para baixo, característica encontrada basicamente nos alimentos constituídos por corpos de animais. Os homens decidem o que comer e decidem, de acordo com seu livre-arbítrio, onde querem situar-se e por quanto tempo.

Henil levantou-se e acompanhei-a imediatamente, sendo conduzido até a porta de saída. Sem nada mais dizer, despediu-se com uma feminina reverência.

CAPÍTULO XXXIII

Mimino

Desta vez não havia nenhum corredor. Havia, sim, uma escada tipo caracol com o centro vazado, de forma que se percebia o tanto a subir. Apesar de longo o percurso e constituído por centenas de degraus, não estava realmente fatigado. A luminosidade vinha do extremo superior e aumentava à medida que os degraus eram galgados.

Uma corrente de ar fresco bateu-me no rosto quando já estava me aproximando do topo. Ao atingir o último degrau, bem à minha frente, situava-se uma abertura sem porta, aparentemente escavada na vermelha rocha. Por aí acontecia a comunicação com o exterior.

Saí e, apesar do nevoeiro, consegui divisar outra escada externa, curta, que dava acesso ao patamar do cume. Esta anfractuosidade da montanha, que conectava a porta com a escada, não ultrapassava três ou quatro passos nas duas direções. Acredito que, não fosse o nevoeiro, a vista seria maravilhosa.

A subida foi vencida sem dificuldades por aquela senda com poucas dezenas de degraus. Qual a minha surpresa, lá chegando: um homem alto de cabelos escuros, grandes e revoltos, que pareciam ganhar vida pelas rajadas de vento que se manifestavam. Tinha um aspecto jovial, nariz grande do tipo gaulês, rosto comprido, corpo longilíneo suficientemente desengonçado.

Com seus braços cruzados numa posição mais elevada que o normal, e com ombros ligeiramente levantados, dava a impressão de sentir um pouco de frio, apesar de estar aparentemente agasalhado. Calçava uma botina tipo coturno, feita de material sintético, uma surrada calça verde-escuro e um casaco preto de náilon com reforços nos cotovelos. Com um largo sorriso, que deixava à mostra sua perfeita dentição, disse-me imediatamente:

– Olá, está muito cansado?

A total informalidade de sua atitude e de sua figura contrastava com a atitude dos últimos dois contatos que tivera anteriormente.

– Não, respondi no mesmo tom.

– Por que veio aqui me procurar?

– Na verdade, segui o único caminho que me era disponível, mas, se você puder me ajudar...

– Único, heim! piscou um dos olhos para mim, como se eu estivesse inventando.

– Pode me chamar de Mimino e não percamos mais tempo! Vamos voar imediatamente.

– Voar? De que jeito?

— Ué, no seu estágio, disseram-me que ainda era necessário um parapente. E pensei que você gostasse!

— Sim, isso eu sei. Refiro-me às condições climáticas. Não consigo enxergar um palmo adiante do nariz!

— Visitante – sua fisionomia tornara-se agora grave –, pense bem no que você falou. Estar descontraído não lhe dá o direito de estar desatento ao seu modo de agir, falar, pensar e sentir. Que ninguém o ouça dizer essa estória de não enxergar um palmo adiante do nariz. Nunca, jamais se esqueça de que é nos momentos de descontração que o verdadeiro nível de consciência de um indivíduo vem à tona. As provas mais duras são aquelas nas quais você se encontra descontraído, conseqüentemente com a guarda abaixada, com pessoas também descontraídas e brincalhonas. Sei que você sabe do que estou falando. É quando a pessoa é mais ela e quando você é mais você e não Você.

Voltando ao seu alegre comportamento, disse, cutucando-me levemente com o cotovelo:

— Sei que, em algum lugar dentro de você, existe um piloto automático aguardando para ser usado. Use-o.

— Mas onde está o equipamento de vôo? perguntei, não deixando de constatar que a neblina continuava mais cerrada ainda.

Ele nada me respondeu. Virou-se de costas para mim e foi andando em direção ao outro lado do cume, como se não tivesse realmente me escutado. Vi que à beira daquele platô estava ele, o parapente.

— Olhe, vamos juntos no mesmo parapente, está bem? É mais prático.

– Sim, claro! respondi, ainda não conseguindo ver a viabilidade de voarmos sob aquelas condições, porém aceitando aquelas circunstâncias.

– Ah!, já ia me esquecendo de uma coisa muito importante! Existe um protocolo a ser cumprido. É simples, porém decisivo.

Novamente, deixou de sorrir e, com certo ar de quem iria me confidenciar algo, abaixou-se diante de uma caixa que continha diversos instrumentos. Levantou-se lentamente, postou-se a dois passos de mim, até que nossos olhares entraram em sincronismo. Interpôs sua mão direita entre nosso campo de visão e, com a palma virada para baixo e a ajuda do indicador, segurava alguma coisa que provavelmente retirara de dentro da caixa. Enquanto fazia esse gesto perguntava:

– O que vê?

– Diviso em seus olhos a atitude que devo assumir ao percorrer o meu caminho: tenacidade, vontade e desprendimento. Como você, aprender a chegar a cumes de montanhas e lá saber ficar. Ao mesmo tempo, não ter medo de arrojar-me em vôos cegos, o que dá a têmpera aos vencedores.

Ficou calado e sua mão foi baixando lentamente e, já com expressão alegre, disse:

– Sabia que você não iria me decepcionar! Seria uma pena eliminá-lo.

– Como?! Eliminar-me? – perguntei, um pouco assustado.

– Sim, do jogo.

–... Ah, sim!

Apertou, em seguida, calorosamente, minha mão.

– Você sabia ou achava que eu ia falar exatamente aquilo que falei? perguntei.

– Amigo, vou lhe contar um segredo de piloto de parapente para outro piloto de parapente: o que você falou não vem muito ao caso. É o menos importante! Aliás, não é nem um pouco importante. Não dizem que os olhos são as janelas da alma? Sendo assim... tudo está escrito nos olhos das pessoas, basta lê-los. O mais importante, sempre, é a atitude e a concentração perante cada momento da existência manifestada, sabendo discernir o que é verdadeiro daquilo que não é.

Arrisquei ainda outra pergunta, sem saber se estava esbarrando na irreverência:

– A sacudidela de sua mão, quando segurava o objeto entre nós, só pode ter sido de propósito, não foi?

– Sim, claro. Era para ver se eu conseguia distraí-lo. Bem, não percamos mais tempo, porque o tempo de repente pode ficar bom.

Enquanto vestíamos os respectivos equipamentos, lembrei-me de que ainda tinha sede. Sentia minha boca seca. Resolvi então perguntar-lhe se havia água ali por perto.

– Sim, há. Mas, se você agüentou até agora, espere mais um pouco, pois ela logo estará em suas mãos.

Aceitei e, em seguida, inflamos o parapente, ajustamos os equipamentos aparentemente necessários e, sem nada mais para ser dito, corremos para a beira do penhasco e decolamos, batendo de frente naquela parede de névoa, sem vermos absolutamente nada. Nem o próprio parapente era visto, face à situação. Embora estivesse aparentemente calmo, perguntei-lhe se ele estava acostumado a esse tipo de vôo. Sua resposta, talvez não tenha me ajudado muito naquele momento:

– Tenha fé, trabalhe, olhe para cima e por cima... o resto virá por acréscimo.

EPÍLOGO

Uma Escala Técnica

... Por acréscimo. À medida que o nevoeiro ia se dissipando, a lembrança de que eu estava com sede tornava-se mais viva. Tomei o resto da água que restava no copo e me aprumei na poltrona. Fechei a apostila, colocando-a sobre a mesa de centro, juntamente com o copo vazio.

Na lareira, uma ou outra pinha ainda incandescente dava sobrevida às salamandras que, de interlocutoras, passavam agora a testemunhas e cúmplices. A revista de programas para excursões para Atenas, como estava na beirada da mesa, em equilíbrio razoavelmente instável, caiu no chão quando nela resvalei a mão. Abri-a displicentemente e o que encontro? A foto da garota-propaganda da companhia grega... e era incrivelmente parecida com Moira! Fiquei a pensar quem influenciou o quê? Mas isso agora também não era importante. Estava encharcado por uma incrível e sutil felicidade, gerada, talvez, por um sentimento de total desvinculação de tudo e de todos. Mais ou menos o que já acontecera umas poucas vezes, por curtos momentos, ao olhar cidadelas do alto.

Estranho era pensar que não tinha expectativas, porque, além de não existirem mais, haviam sido substituídas pela certeza da etapa cumprida.

Desta vez, o sono chegou de forma forte e drástica. Contudo, não impediu que alguns trovões ainda me assediassem.

• • •

Meu despertar aconteceu de forma suave, permitindo que a transição sono-vigília se interpusesse harmonicamente. Porém, ainda ouvia longe a reverberação dos trovões indo embora. Tão logo desvencilhei-me dos vapores do sono, procurei tomar pé da situação. Ainda de olhos fechados, fiz um retrospecto dos últimos acontecimentos, não sendo possível para mim enquadrá-los em parâmetros conhecidos, como o tempo, por exemplo, devido à densidade de conhecimentos adquiridos.

Todas as experiências pelas quais passara agora encaixavam-se perfeitamente, como num *puzzle* que mostra, após resolvido, o quadro final.

O parapente, ainda no chão, aguardava minhas decisões após aquele mal súbito à beira do abismo. Levantei-me e, aos poucos, fui recolhendo os equipamentos que usaria neste vôo. Olhei mais uma vez para o horizonte daquele quarto patamar da Montanha da Águia, cujo bico, à minha direita, era uma testemunha confidentemente silenciosa, portando-se cinicamente em sua pétrea discrição, como se nada tivesse acontecido.

Não perdi detalhe algum, pois havia aprendido a não perdê-los. Desta vez, aspirei profundamente aquele *grand air* de forma consciente, verificando, simultaneamente, se não poderia haver alguma frente que me pegasse de surpresa. Percebendo que as condições estavam mais do que propícias para a decolagem, tomei a decisão.

Chequei as roldanas do freio de pé e mais alguns outros detalhes. Postei-me na ponta de pedra daquela montanha situada numa das melhores regiões do Brasil para os que gostam de vôos altos e duradouros: Estado do Espírito Santo.

Apesar de sempre ter ouvido falar, era a primeira vez, por um impulso talvez, que me animara a vir até ali. Dentre outras vantagens da região, estão as famosas correntes ascendentes que eventualmente podem ser chamadas térmicas, que se desprendem do solo ou de uma encosta ensolarada de uma montanha. São a glória dos pássaros de asas grandes, incluindo nessa categoria o parapente.

Assim, decolei de forma consciente e solene, como jamais houvera feito. O procedimento de decolagem exige um ritual. Aliás, como já ouvi dizer, todo ritual cria um hábito, cuja repetição nos induz considerá-lo como verdade. Entendido este pensamento, mergulhei na verdade, diferentemente de todas as decolagens que fizera até então, sempre precedidas por expectativas. Qualquer expectativa costuma ser angustiante, desfazendo-se quando começa a ação. Desta vez... tudo ocorreu harmonicamente.

Quando voamos, existem regras básicas que devem ser observadas, como a direção e a força do vento, afunilamento de um vale, aproximação de uma frente, a eventualidade de um pouso, caso não se consiga entrar em uma térmica.

Já ajudei amigos a saírem de copas de árvores, quando, apesar de toda a experiência, encontravam-se em situação bem difícil, mesmo se socorridos pelo pára-quedas de emergência. Alguns acidentes ocorrem pela falta de previsão de circunstâncias. No parapente, assim como no jogo da vida, sempre temos tendência a descer se não estamos atentos às circunstâncias, as mesmas que nos fornecem os meios necessários para elevar-nos, caso queiramos, é claro.

Um bom piloto, aquele que tem intimidade com o vento e com os demais fatores, sem dúvida detecta de longe uma coluna térmica e, nela chegando, deve se esforçar para subir o máximo possível, porque ela poderá ser a última daquele vôo. Hoje, curiosamente, estava alheio a todas essas regras, porque era só aparentemente que eu comandava o equipamento. Os tirantes de controle passaram não somente a me sustentar. Colocavam-me também na condição de um títere, no qual o parapente desempenhava o papel do artista.

Deixei de prestar atenção a esses ledos detalhes, porque já sabia que tudo estava funcionando como se um piloto automático tivesse sido acionado. Mais do que nunca, estava entrosado com aquele "nada" que me continha. Nessa calmaria, começaram a fluir em meu pensamento avalanches de idéias, já ausentes há algum tempo, e, desta vez, os protagonistas eram a alegria e a tristeza, que se confrontavam com os quase inexistentes instantes de neutralidade. O lado ruim da humanidade, como uma gigantesca onda formada pelos vícios, desejos, hipocrisias, atrocidades e maldades, passavam por cima de todos, dos bons e dos maus. Como toda onda grande, essa também era de baixa freqüência e se contrapunha às altas vibrações daqueles que se dispunham a auxiliar o planeta. O ruído do embate assemelhava-se ao de uma pororoca gigante, quando águas contrárias disputam o espaço. Passava também por cima das florestas, cidades, contaminava nascentes de água pura, contaminava os animais e pessoas, principalmente os não atentos que, de certa forma, simpatizam com essa onda. São em número cada vez menor aqueles que não se deixam levar.

Eu sabia que fazia parte dessa minoria resistente, mas também sabia que, dentro da mesquinharia do tempo, a onda seria consumida por si só, pois todo o mal se auto-consome. Numa visão de eterno-presente, isso não passaria de uma cicatriz resultante de uma situação mal resolvida.

Os ruídos foram cessando e, aos poucos, todos esses fatos foram ficando pequenos, aliás, minúsculos. O vôo era necessário. Iniciei uma curva para a direita, sem que eu tivesse puxado o respectivo batoque; depois para a esquerda, até me aproximar de uma térmica que se formava na encosta de uma montanha. Meu pensamento era o comandante. Entrei nela com decisão, fazendo giros de trezentos e sessenta graus perfeitamente redondos, o que não é nada fácil mesmo para os mais aptos pilotos. A velocidade ascensional era grande e calculei que já estava a uma altura aproximada de mil e quatrocentos metros.

Continuei naquele movimento espiralado, sempre subindo na mágica coluna de ar quente como se estivesse dentro de um túnel transparente. Cheguei a dois mil e duzentos metros de altura. Nunca havia experimentado isso antes! A freqüência dos sinais sonoros do equipamento aumentava cada vez mais, testemunhando a desvairada subida. Quanto mais alto subíamos, mais longe enxergava. Imaginei se isso não podia ser uma espécie de alucinação.

Minha imaginação saboreava a libertação da gravidade da situação e de tudo que estava contido na bolha da razão. Continuava a permear-me aquela indescritível felicidade que transcende as palavras que estão presentes durante a nossa vida, mas que não conseguimos proferir. Passava por um estado interior muito além do senso de identidade. Minhas idéias não passavam pelo meu pensamento. Elas eram, de uma forma inspirada, intuídas.

• • •

"Como é maravilhoso o Estado do Espírito Santo, visto de cima!" exclamei. Olhei para meu corpo e me vi banhado pela cor violeta, que o sol, com sua intensa luz, como que coroando a extremidade de cima daquela coluna ascendente, fazia filtrar através do velame de náilon. Olhei para baixo e vi como estava alto. A cifra em si já não mais me importava. A luz violeta era morna e agradável, refletindo-se para a parte de baixo da coluna.

Tive tempo para lembrar-me de Ícaro e, apesar da seriedade do momento, não pude deixar de rir do ambicioso pensamento. Porém, tínhamos em comum a libertação do labirinto.

Como num conto juliverniano, pareceu-me ver minha imagem e a do parapente refletidas a uma certa distância, num efeito de miragem.[34] Nessa ilusão especular, um fato curioso...

... Moira estava comigo no vôo e pude vê-la através do espaço, e num dos volteios dados pelo parapente, Moira interpôs-se entre mim e o sol, uma imagem da Verdadeira Luz.

---
34 *Cinco Semanas em Um Balão*. Júlio VERNE.

Continuava a subir, sempre em espirais perfeitas. Olhei para cima e constatei o imenso túnel que ainda iria percorrer. Apesar de tranqüilo, reconfortou-me perceber ao longe, quase na linha do horizonte, ainda não muito nítida, a capital... Vitória!